スリム美人あるある
あっ時間がないっ!
慌てると走る!
露出の多い服装は「できない」んじゃなく「しない」
でもいざとなるとビキニもいける
"お一人様"が割と好き
自宅を出る前に全身鏡をチェックする
→鏡は玄関にある
歯がキレイなのはもちろんだけど
こまめに磨いている
美容のために食べるようにしている食材がある
キウイとか
海藻とか
豆乳とか
豆
くつやかばんがキレイ
あれ?私…ちょっと太ったかな?
こんな時にはすぐに体重計に乗れる
おデブは怖くてすぐには乗れないんだよね…
測ってみよっと
接す
相手
態度を
変えない
パリ
シャ
服を買う時店員さんにあれこれ着こなしを質問する
コンビニはあまり行かない
ファミリーセブン
衝動買いしてしまうのは旬のフルーツ
すっごい美味しそうっ
冷蔵庫にはヨーグルト
もちろん無糖
ヨーグルト
同じものを長く食べ続けられない
笑いのハードルが低い
プーッ
面白〜いっ
最近山の楽しみを知った
体動かせるし空気美味しいし最高!!
カラオケは歌い上げるより皆でワイワイしてるのが好き
温泉旅館を選ぶ条件は
そりゃあ食事も美味しいのに越したことないけど
やっぱり泉質と露天の有無でしょ
温泉
露天風呂
友達になるのに年令は関係ない
12才年下
15才年上

初公開!

スリム美人の生活習慣を真似して痩せるノート術

わたなべぽん

プロローグ

ペコリ
こんにちは
漫画家のわたなべぽんです
実は私今から約2年前の2012年冬
バキッ
ひえ～え
ある衝撃的な体験をしました
それは
自分の体重で便座を割ってしまった!!
ということ
ココが折れた
プル
プル
プル
なんとこの時体重は自分史上最重量の95kg!
からだデータ
年齢 37才
身長 165cm
体重 95kg
体脂肪率 52%
体脂肪率なんてまさかの52%もありました
私の半分脂身かいな!
これでよく病気になってないな…
少しでも減らしたいので全裸で測る
そのショックからダイエットを決心
痩せる!
これを人生最後のダイエットにしてみせるっ!!

そして
試行錯誤しつつ
たどりついた
ダイエット法が…
ん？
そっか！
スリムな女性の
生活習慣をまるごと
真似しちゃえば
私も自動的に
スリムに
なれちゃう
はずだよね！
名付けて
“美人になった
つもりダイエット”
通称“スリ真似”！
詳しくはこちらを読んでね！
スリム美人の生活習慣を真似したら
1年間で30キロ痩せました
“美人になったつもり生活”
スリム美人の生活習慣を真似したら
リバウンドしないで さらに5kg痩せました
人生が変わる！
日常の
ささいな
ことも
美人になった
つもりで行動
してみたら
スリム美人は
ビールのガブ飲みは
しないはず！
スリム美人は
TV見るとき
ポテチ片手に
ゴロ寝なんか
しないはず…
ダイエット効果
抜群だったの
です！
1年9カ月経つ
頃には95kgあった
体重がなんと
約35kgも
減っていました
やったぁ
59.8kg!!
夢の50kg台
突入だ〜っ!!
からだデータ
身長 165cm
体重 59.8kg
体脂肪率 28％
目標体重
クリアしたから
メモしておかなきゃ
ぐすっ
そんな私が
ダイエット当初から
つけていたノート
それが…

このスリム美人になるノートです！
じゃ〜ん
スリム美人になるノート
ダイエットを決心し目標を立てた時も
よしっやるぞ!!
自分のダメダメな部分を見つめ直し反省した時も
今日こんなに食べたっけ!?
○月×日の食事
スリム美人の観察メモも
ササッ
ぜ〜んぶこのノートに書き込んできました
そういえばドカ食いしてダイエットをやめようと思った時も
このノートを繰り返し読んで頑張ることができたんだよね…
しみじみ…
そうだよね私ってこんな風にやせたかったんだよね…
ということで今回は〝スリム美人になるノート〟の作り方を紹介することになりました
一緒に自分だけのノートを作っていきましょう！
よろしくお願いします！

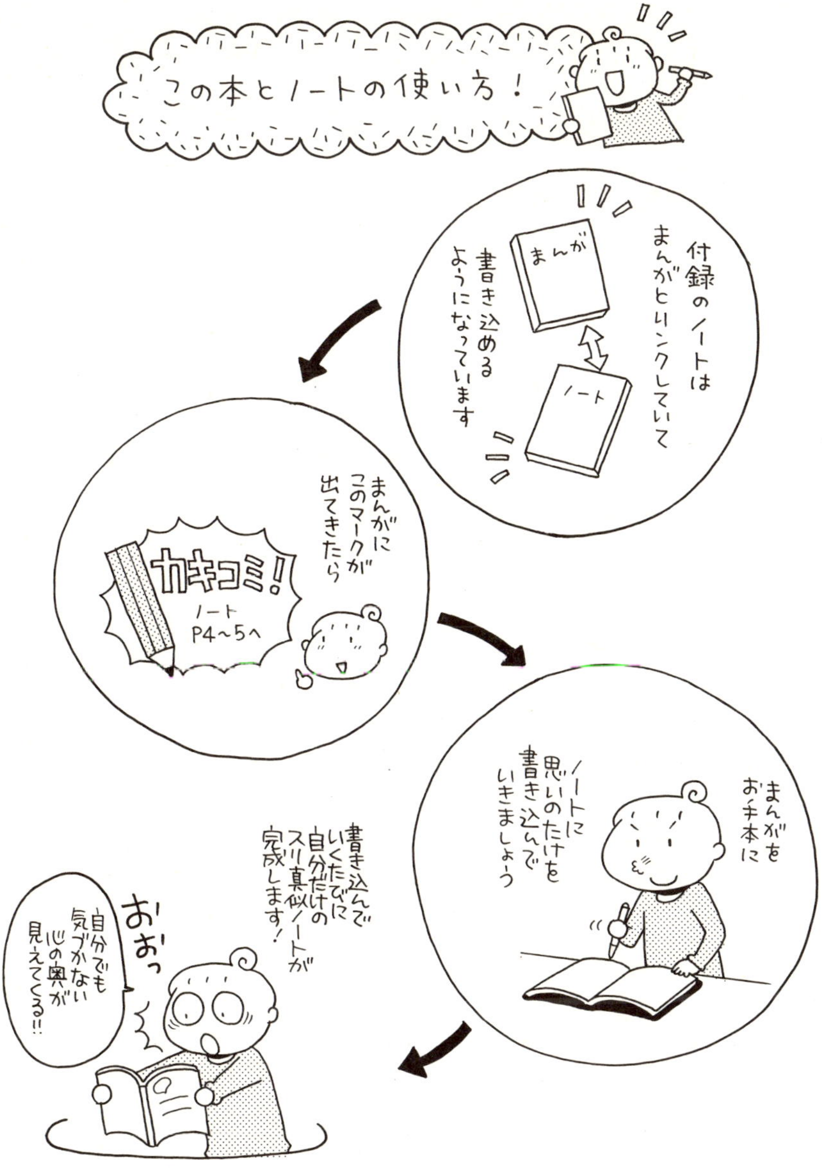
この本とノートの使い方！
付録のノートはまんがとリンクしていて書き込めるようになっています
まんが
ノート
まんがにこのマークが出てきたら
カキコミ！
ノート P4〜5へ
まんがをお手本に
ノートに思いのたけを書き込んでいきましょう
書き込んでいくたびに自分だけのスリ真似ノートが完成します！
おおっ
自分でも気づかない心の奥が見えてくる!!

CONTENTS 目次

002 プロローグ

Lesson 1 009 スリム美人を観察しよう！

Lesson 2 017 理想のスリム美人を描いてみよう

Lesson 3 026 今のダメな自分と勇気を出して向き合ってみよう

Lesson 4 036 私ってそんなに食べてたっけ？

Lesson 5 050 自分だけのおまもりを作ろう！

Lesson 6
060 ウォーキングを楽しく続けよう

Lesson 7
070 ダイエットのごほうびを決めよう

Lesson 8
079 停滞期、今こそノートを開くとき

Lesson 9
087 10年後の私はどうなってる?

Lesson 10
096 ダイエットの真の成功って

104 エピローグ

おデブあるある
ダイエットというと
まず何を食べるか
考えてしまう
黒酢飲んで
海藻食べて
カロリーオフの
ケーキにしよう

スリム美人あるある
あれ？
私…ちょっと
太ったかな？
こんな時には
すぐに体重計に
乗れる
おデブは
怖くてすぐには
乗れないん
だよね…
測って
みよっと

Lesson 1

スリム美人を観察しよう!

○月×日（金）
今朝も日課のジョギング3km。桜のつぼみがほころびはじめたので咲くのが楽しみ。
○月△日（土）
ブラの試着をした時、店員さんに胸の形をキレイにするコツを聞いた！
おお〜
毎日3kmのジョギングとか下着をフィッティングしてから買うとかスリム美人っぽい！
う〜ん
私なんて運動なんか何年もしていないし
歩道橋の上までイッキにあがれないほどだし…
ハア
ハア
下着はいつも〝大きいサイズ専門のネット通販〟で試着もしないでテキトーに買ってた
肉がはみ出してても
ま、いっか ホックがとまればOK！
むむむ
スリム美人とおデブとはこうも違うか…
おっと！
メモしておかなきゃ
なるほど〜
こんなふうに書き込み始めたのが〝スリム美人になるノート〟の始まり
ぽんの スリム美人になるノート
それからというもの
スリム美人のブログはもちろん
スーパーで
じ〜
スリム美人はフルーツ多め
ぶどう ¥498
街で見かけたスリム美人を観察するのが日課に
居酒屋で
スリム美人はビールじゃない
Step1 スリム美人を観察しよう！

う～ん…
でもこうやって観察してるだけじゃ分かんないこともあるんだよねえ
例えば日々のスキンケア方法や運動の頻度とか…
そこでスリム美人な友達と会う機会に美の秘けつを聞いてみることにしました
イタリアン
スキンケアどうしてる？何か運動ってしてる？
Step2 スリム美人に質問しよう!
スキンケア？私のオススメは半身浴中のオイルマッサージだよ！
毛穴の汚れが取れやすいの！
運動？週2でホットヨガやってる～
すっごく汗かくんだよ～！
へ～
やっぱり色々やってるんだなぁ
大収穫!!
メモメモ♥
カキカキ
Step3 観察＆質問で分かったことをメモしよう!!
こうして〝スリム美人あるある〟は着実に増えていきました
改めて〝スリム美人あるある〟をながめてみると…
なるほど～
《行動・習慣》
スキンケアがていねい
週1くらいでジョギング
運動が日課になっている
別腹なんてない
ビールをガブ飲みしない
《服装・見た目》
シンプルな服を着ても地味にならない
明るい色の服を楽しんで着られる
ブーツインしても足元スッキリ
フィッティングしてから下着を買う
くつがキレイ
美容院月1通

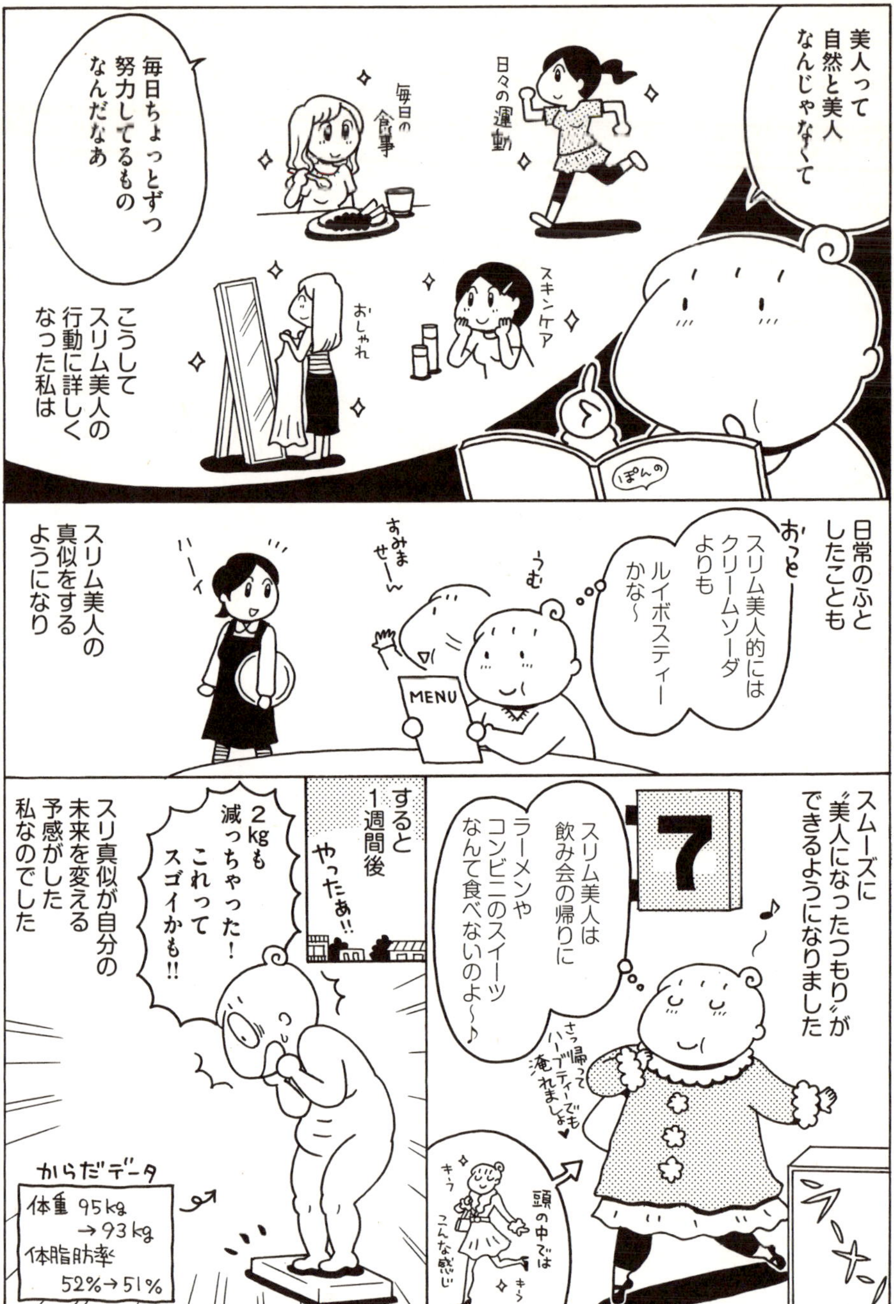
美人って
自然と美人
なんじゃな〜くて
日々の運動
毎日の食事
毎日ちょっとずつ
努力してるもの
なんだなあ
スキンケア
おしゃれ
こうして
スリム美人の
行動に詳しく
なった私は
ぽんの
日常のふと
したことも
おっと
スリム美人的には
クリームソーダ
よりも
ルイボスティー
かな〜
うむ
すみませ〜ん
ハーイ
スリム美人の
真似をする
ようになり
MENU
スムーズに
〝美人になったつもり〟が
できるようになりました
スリム美人は
飲み会の帰りに
ラーメンや
コンビニのスイーツ
なんて食べないのよ〜♪
さっ 帰って
ハーブティーでも
淹れましょ♥
頭の中では
こんな感じ
キラ
キラ
7
すると
1週間後
やったぁ!!
2kgも
減っちゃった!
これって
スゴイかも!!
スリ真似が自分の
未来を変える
予感がした
私なのでした
からだデータ
体重 95kg
→93kg
体脂肪率
52%→51%

カキコミ!ノート
P2〜5

Lesson 1. スリム美人を観察しよう!

Step1. スリム美人を観察しよう!

Step2. スリム美人に質問しよう!

Step 3. 観察&質問で分かったことをメモしよう!

「ダイエットと関係ないかな?」と思ったことでもどんどんメモしよう!

例えば…

- スリム美人はマッサージが好き
- 美容師さんと仲良し
- いざという時あがらない

…・など

大公開！
ぽんのスリ真似ノート Lesson 1

スリム美人を観察しよう！

雑誌やテレビ、ブログの記事から友人への
突撃インタビューなど、
いろんなところからスリム美人を見つけてみよう。

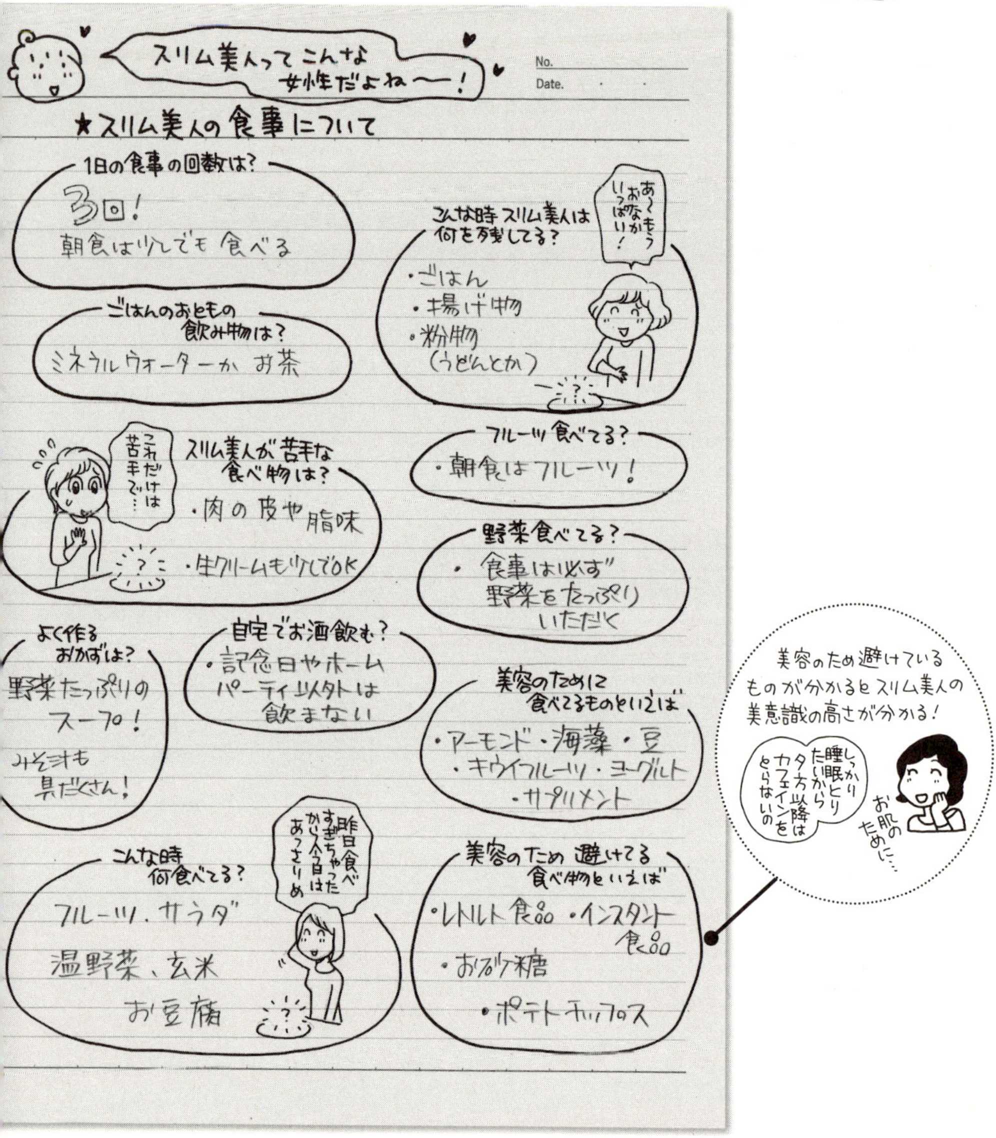

スリム美人ってこんな女性だよね〜！
No.
Date.
★スリム美人の食事について
1日の食事の回数は？
3回！
朝食は少しでも食べる
ごはんのおともの飲み物は？
ミネラルウォーターかお茶
あ〜もうおなかいっぱい！
こんな時スリム美人は何を残してる？
・ごはん
・揚げ物
・粉物（うどんとか）
これだけは苦手で…
スリム美人が苦手な食べ物は？
・肉の皮や脂味
・生クリームも少しでOK
フルーツ食べてる？
・朝食はフルーツ！
野菜食べてる？
・食事は必ず野菜をたっぷりいただく
よく作るおかずは？
野菜たっぷりのスープ！
みそ汁も具だくさん！
自宅でお酒飲む？
・記念日やホームパーティ以外は飲まない
美容のために食べてるものといえば
・アーモンド・海藻・豆
・キウイフルーツ・ヨーグルト
・サプリメント
昨日食べすぎちゃったから今日はあっさりめ
こんな時何食べてる？
フルーツ、サラダ
温野菜、玄米
お豆腐
美容のため避けてる食べ物といえば
・レトルト食品・インスタント食品
・お砂糖
・ポテトチップス
美容のため避けているものが分かるとスリム美人の美意識の高さが分かる！
しっかり睡眠とりたいから夕方以降はカフェインをとらないの
お肌のために…

末端や小物の
お手入れ方法を質問しよう！

No.
Date.

Lesson1 スリム美人を観察しよう！

★スリム美人の外見って…？

ヘア
- こまめに美容院へ！
- ツヤツヤしてる
- セットが上手
- 色は明るすぎない！
- 色んな髪型にチャレンジしている

メイク
- ナチュラルメイク
- TPOに合わせたメイク
- お気に入りのブランドがある
- メイク時間は20~30分
- 年中日焼け止めを使う

アクセサリー
- きゃしゃなものが似合う
- 大きなイヤリングも似合う
- 外出時は必ずつける

歯
- 歯並びキレイ！
- 白い
- こまめに歯磨き
- 定期的に歯科検診に行く

つめ
- 形が整っている
- ヌーディーな色味

ファッション
- 明るい色の服
- 体に合ったもの
- 着回しが上手
- 流行を取り入れるのが上手

その他スタイル
- 背すじがピン！
- 胸を張っている
- バッグが小さい
- スタスタ歩く
- かかとをひきずらない

くつ
- ほどよいヒール ← ピカピカしてる！
- お手入れが上手！

スリム美人は
どこで服を買ってるのか
好きなブランドは？
どんな服が好きか
聞いてみよう！

いつか私もステキなお店で服を買おう♥

おデブさんの弱点「おやつ」
スリム美人的おやつの食べ方を
真似できれば かなり
ダイエット効果あり!

運動する時間を
作るのって難しい…スリム
美人はいつ運動してる
のか聞いてみよう!

No.
Date.

★スリム美人のおやつって?

毎日食べてる? どんなの食べてる?
・毎日は食べない
・フルーツ、ナッツ、おすそ分けでもらったお菓子

おやつ買い置きしてる? デスクやバッグに入ってるのは?
・買い置きはしない!
・バッグに入ってるもの
(ミネラルウォーター
ミントタブレット)

カフェでコーヒー頼んだ時、お砂糖やミルク入れてる?
なし!
ブラックで

お菓子食べるのどんな時?
・おすそわけをもらった時
・ランチにデザートが付いた時

スリム美人が小腹が空いた時食べるのは?
・フルーツやナッツ
でも基本、スリム美人は小腹くらいならガマンする!!

★スリム美人の外食・飲み会って…

どんなお酒飲んでる?
・スパークリングワイン
・日本酒・梅酒

何杯くらい飲んでた?
1~3杯をゆっくり飲む

ランチでよく頼むメニューは
雑こく米のセット

飲み会の「シメ」は食べてる?
シメの前におなかいっぱい

飲み会後帰宅する時間
21~22時

スリム美人が好むおつまみは?
旬の魚や野菜のもの
枝豆はマスト!!

飲み会や外食は月何回くらい?
ランチ…1~2回
飲み会…3~5回

No.
Date.

★スリム美人の運動って…

どんな運動してる?
・ジム通い ・ジョギング
・水泳 ・ヨガ

いつ運動してる?
・会社帰り
・出勤前
・休日

週に何回、何分くらい運動してる?
週2-3回、60分くらい

運動する目的は?
・スタイルキープ!
・ストレス解消!
・おなかぽっこり解消
・筋肉を付ける
・体脂肪を下げたい

運動続けてどれくらい経つ?
1年以上は続いている

★スリム美人の生活って…?

睡眠時間はどれくらい?
6~8時間

ストレス解消法は?
・体を動かすこと
・美容院やエステに行く
・温泉に行く

休日でも朝きちんと起きる?
平日と同じ時間に起床

太らないよう気を付けていることは?
食べすぎないこと!
・体重を毎日測る ・運動
・1日の食事の組み合わせを気にする

習い事や勉強していることは?
着付け 英語
書道、ダンス系

お酒が入ると
つい食欲もゆるみがち…
そんな時スリム美人は
何を食べているのか
チェック!

スリム美人は美と
健康を保つため必ず
気をつけてることがある!

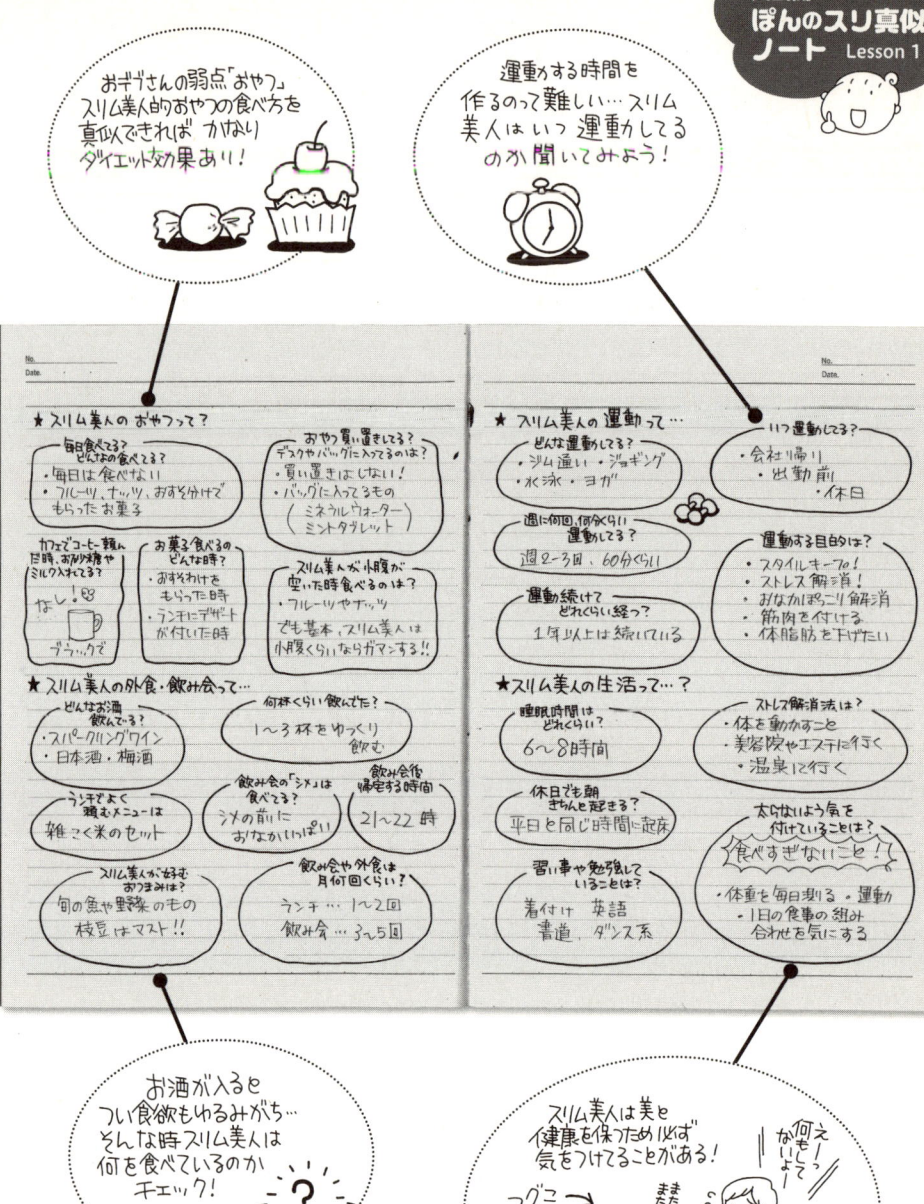

Lesson 2

理想のスリム美人を描いてみよう

やっぱり女性らしく小ギレイにメイクして ほがらかで明るくて
仕事ができて 気が利いて優しい ステキなスリム美人に憧れるなあ
やっぱり痩せるからにはそんなステキなスリム美人になりたいなあ
——でも
チラ
ひゅ〜っ
痩せたからって必ず美人になるとは限らないものだよね…
やっぱり生まれつきの素質ってあるよね…
私なんてさ顔デカイし鼻低いし
ずん胴だしO脚だし おしゃれするにもセンスないし…
しかもいちご鼻だし…
いじいじ
米倉涼子
はぁ…
あんな髪型や服が似合うのは美人だからだよ 元が微妙な私が痩せたところで似合うわけないもんね
夫
…

変なの〜!
プーーーッ!
えっ
何が!?
TVの友
太ってる今いくら考えてもホントに美人になれるかなんて分からないよ
あははは
そもそもホントに痩せられるかも分かんないのにさ
時間のムダだから やせてから考えれば?
パタ パタ
出た!! 夫の正論!!
グサッ
うぐっ
た…確かにその通りだ
というわけで
気持ちを切り替えダイエットの目標となる理想のスリム美人像を描いてみることに
理想は53kgか… こんなに痩せられるかな
おっとダメダメ
そんなことは考えないでおこう
あくまで理想なんだし!
Step 1
自分がそうなれるかどうかは とりあえず考えない
まず書いたのは体型や髪型 服装などの外見
え〜〜っと…
髪はツヤツヤのショートカット
こまめに美容院に行ってる整った髪型で
カキ カキ
お肌はツルツル 二の腕がスッキリ細くて ウェストはキュッとくびれ…

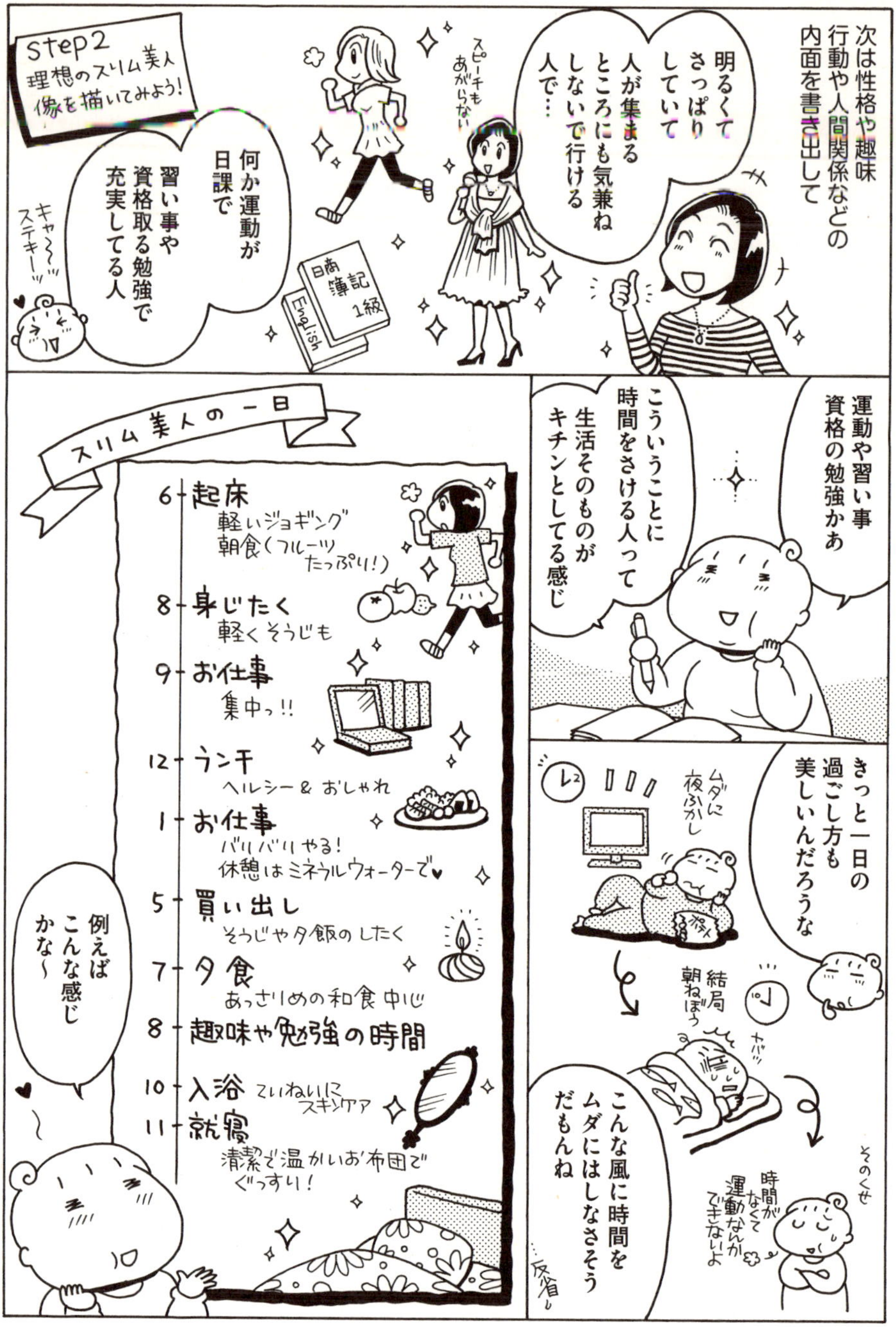

次は性格や趣味
行動や人間関係などの
内面を書き出して
明るくて
さっぱり
していて
人が集まる
ところにも気兼ね
しないで行ける
人で…
スピーチも
あがらない
何か運動が
日課で
習い事や
資格取る勉強で
充実してる人
キャ〜〜ッ
ステキ〜ッ
Step2
理想のスリム美人
像を描いてみよう!
日商
簿記
1級
English
運動や習い事
資格の勉強かぁ
こういうことに
時間をさける人って
生活そのものが
キチンとしてる感じ
スリム美人の一日
6 起床
軽いジョギング
朝食(フルーツ
たっぷり!)
8 身じたく
軽くそうじも
9 お仕事
集中っ!!
12 ランチ
ヘルシー&おしゃれ
1 お仕事
バリバリやる!
休憩はミネラルウォーターで♥
5 買い出し
そうじや夕飯のしたく
7 夕食
あっさりめの和食中心
8 趣味や勉強の時間
10 入浴 ていねいに
スキンケア
11 就寝
清潔で温かいお布団で
ぐっすり!
例えば
こんな感じ
かな〜
きっと一日の
過ごし方も
美しいんだろうな
ムダに
夜ふかし
結局
朝ねぼう
ヤバッ
そのくせ
時間が
なくて
運動なんか
できないよ
こんな風に時間を
ムダにはしなさそう
だもんね
…反省〜

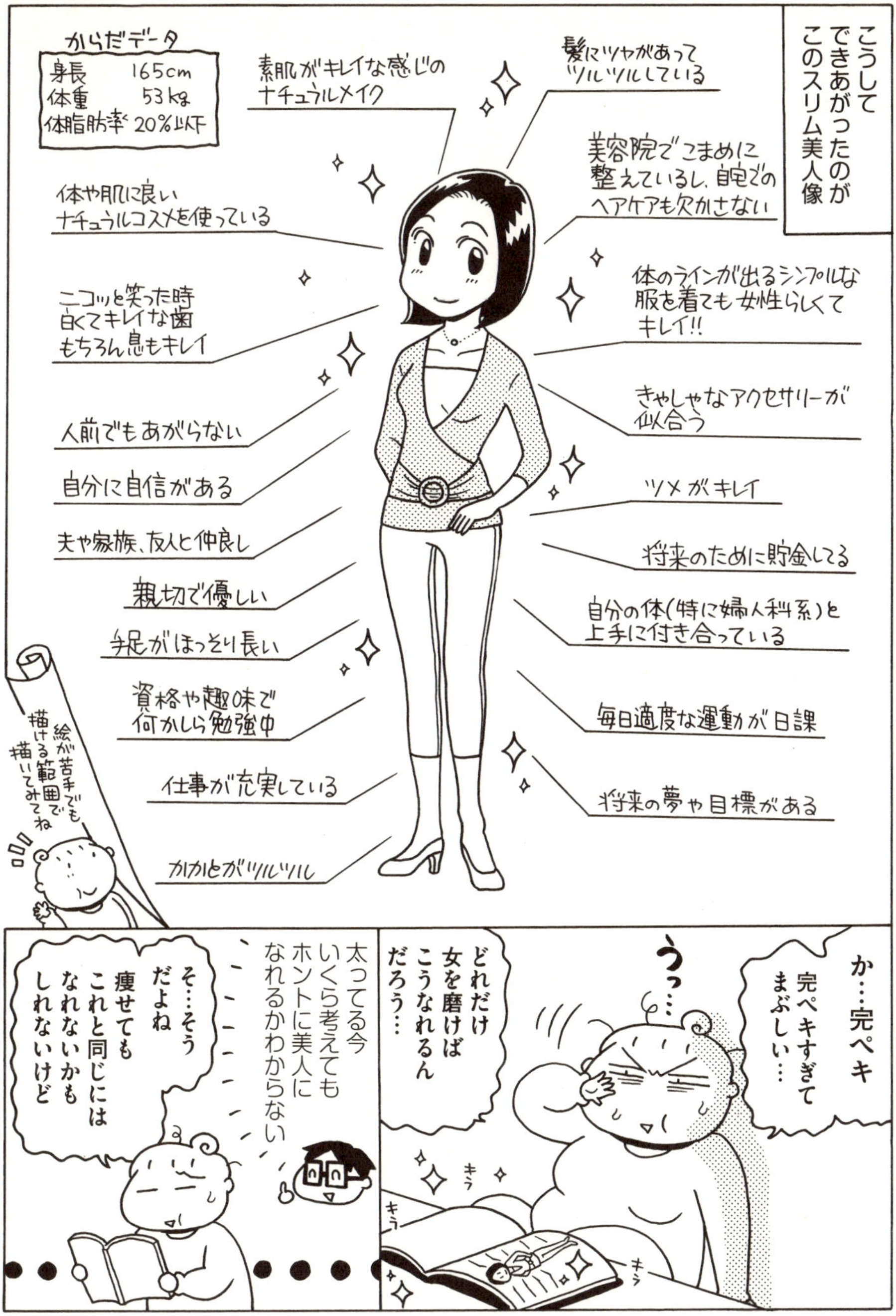
こうしてできあがったのがこのスリム美人像
からだデータ
身長 165cm
体重 53kg
体脂肪率 20%以下
素肌がキレイな感じのナチュラルメイク
髪にツヤがあってツルツルしている
体や肌に良いナチュラルコスメを使っている
美容院でこまめに整えているし、自宅でのヘアケアも欠かさない
ニコッと笑った時白くてキレイな歯もちろん息もキレイ
体のラインが出るシンプルな服を着ても女性らしくてキレイ!!
人前でもあがらない
きゃしゃなアクセサリーが似合う
自分に自信がある
ツメがキレイ
夫や家族、友人と仲良し
将来のために貯金してる
親切で優しい
自分の体(特に婦人科系)と上手に付き合っている
手足がほっそり長い
資格や趣味で何かしら勉強中
毎日適度な運動が日課
仕事が充実している
将来の夢や目標がある
かかとがツルツル
絵が苦手でも描ける範囲で描いてみてね
か…完ペキ
完ペキすぎてまぶしい…
うっ…
どれだけ女を磨けばこうなれるんだろう…
キラ
キラ
キラ
太ってる今いくら考えてもホントに美人になれるかわからない
そ…そうだよね
痩せてもこれと同じにはなれないかもしれないけど

……
ボテッ
ま
今のこの状態よりは絶対ましにはなってるはずだよね！
ぽんの
スリム美人になるノート
よしっ！
目指せ！自分史上一番キレイな自分！
目標となるスリムな美人像がハッキリしたことで
キラーン
日常にもささやかな変化が…
おっそろそろ昼ごはんか
昨日の残り物とカップ麺でテキトーにすませちゃおうかな
はっ!!
ランチはヘルシー&おしゃれ！
ドデカカップ
さすがにカップ麺はやめとこうかな
おむすびの方がヘルシーだよね
少しずつだけど前進しているはずの私なのでした
残り物
えのきのみそ汁
れんこんキンピラ
いんげんごまあえ
おむすび

カキコミ! ノート P6～7

Lesson 2 理想のスリム美人を描こう!

Step1. 自分がそうなれるかどうかは ひとまず考えない!

Step2. 理想のスリム美人像の外見や内面を描いてみよう!

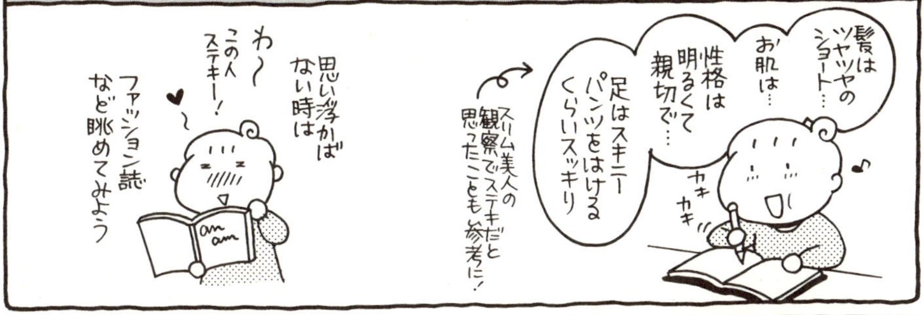

Step3. スリム美人の1日のタイムテーブルを書いてみよう!

大公開！
ぽんのスリ真似ノート Lesson 2

理想のスリム美人を描こう！

「こんな女性になれたらいいな～」という妄想を
大きく細かく！ふくらませるのがポイント。

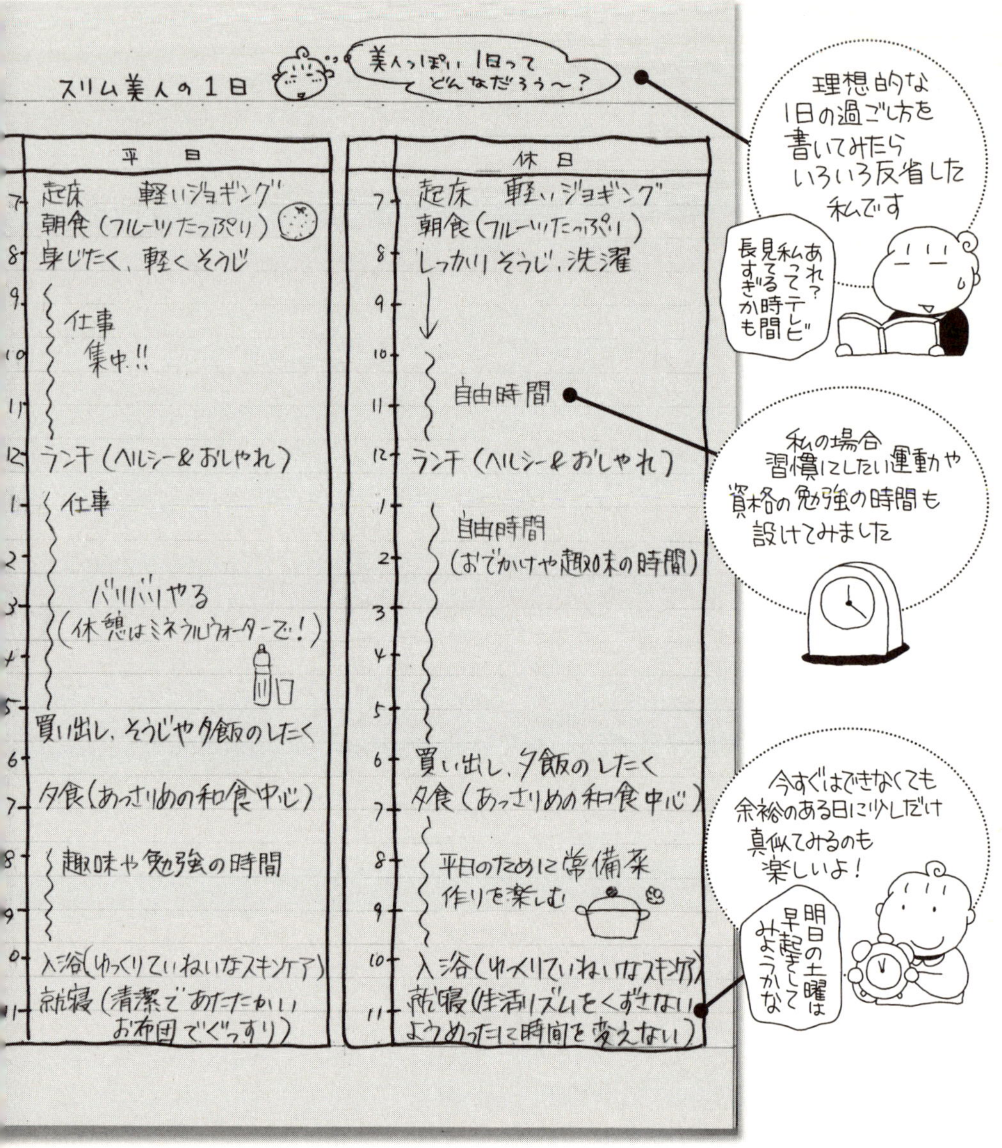
スリム美人の1日
美人っぽい1日って どんなだろう～？
平日
7 起床　軽いジョギング
朝食（フルーツたっぷり）
8 身じたく、軽くそうじ
9 仕事 集中!!
10
11
12 ランチ（ヘルシー&おしゃれ）
1 仕事
2
3 バリバリやる（休憩はミネラルウォーターで！）
4
5 買い出し、そうじや夕飯のしたく
6
7 夕食（あっさりめの和食中心）
8 趣味や勉強の時間
9
10 入浴（ゆっくりていねいなスキンケア）
11 就寝（清潔であたたかいお布団でぐっすり）
休日
7 起床　軽いジョギング
朝食（フルーツたっぷり）
8 しっかりそうじ、洗濯
9
10 自由時間
11
12 ランチ（ヘルシー&おしゃれ）
1 自由時間（おでかけや趣味の時間）
2
3
4
5
6 買い出し、夕飯のしたく
7 夕食（あっさりめの和食中心）
8 平日のために常備菜作りを楽しむ
9
10 入浴（ゆっくりていねいなスキンケア）
11 就寝（生活リズムをくずさないようめったに時間を変えない）
理想的な1日の過ごし方を書いてみたらいろいろ反省した私です
あれ？私ってテレビ見てる時間長すぎかも
私の場合 習慣にしたい運動や資格の勉強の時間も設けてみました
今すぐはできなくても余裕のある日に少しだけ真似てみるのも楽しいよ！
明日の土曜は早起きしてみようかな

数字は大事！
書き込むことで想像の
中にもリアリティが
出てくる！
123

以前からやって
みたかったけど「似合わ
ないかも…」と敬遠し
てたメイクや髪型
を書いてみても

なんてことは
考えずスリム美人な
食事の量や運動を
書いてみました！

Lesson 2 理想のスリム美人像を描こう！

・体重 53 kg ・体脂肪率 20 %
・B 82 W 62 H 90

・運動は ウォーキング を
週 3～5 日 60 分

・食事の内容は 腹八分目。
旬の野菜を中心としたヘルシー
な食事を心がけている。

・性格 明るくて社交的
人に親切で気が利く。
頑張り屋で前向き。

・人間関係
家族、夫、友人と仲良し。
年齢に関係なく様々な人と
仲良くなれる

・仕事の目標
常に自分なりの目標をかかげて
努力している。

・今勉強中なのは
管理栄養士の勉強
アロマテラピーの勉強

・趣味は？
運動、インドア系バランス良く趣味がある
↑マリンスポーツと読書、とか

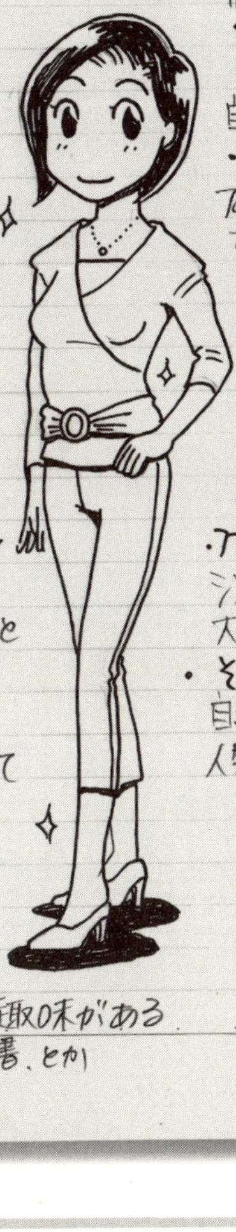

・ヘアスタイル
さっぱり、スッキリ、ツヤツヤ
前さがりボブスタイル
・ヘアケア
1カ月～45日に1度の美容
自宅でヘアパック(週 1～2
・メイク
プライベートでもキレイにメイク。
すぎない華やかなメイク
・スキンケア
お肌にやさしい化粧
ていねいに
・歯 白くて虫歯、歯周病な
・つめ 形良く磨かれてい
・かかと ツルツル
・ファッション
シンプルで、体のラインが
大人っぽい服装
・その他
自然な笑顔
人見知りしない

**やせたら
こうなりたい！**
という妄想を爆発
させて書こう!!

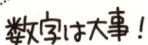

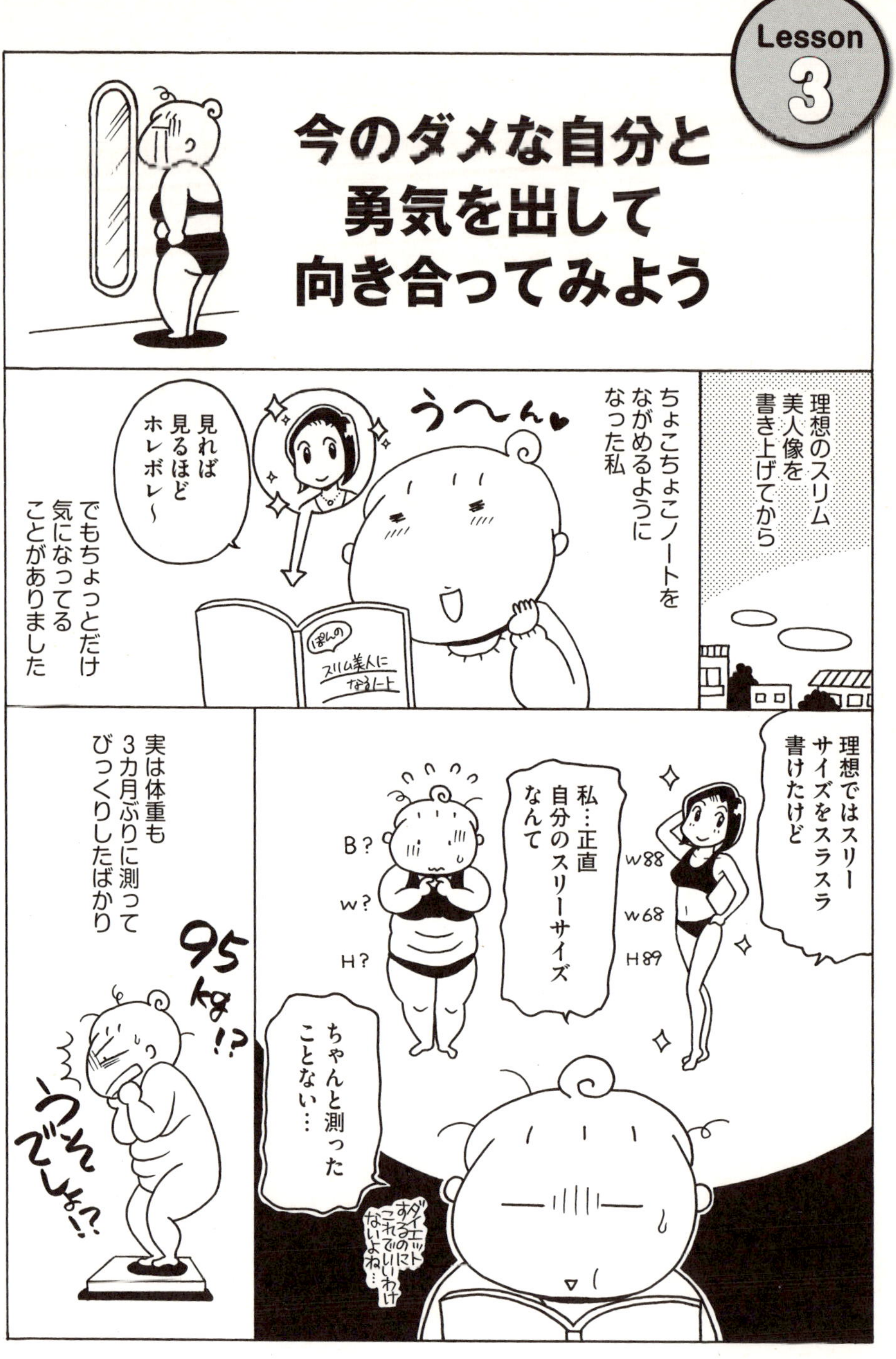
Lesson 3
今のダメな自分と勇気を出して向き合ってみよう
理想のスリム美人像を書き上げてから
ちょこちょこノートをながめるようになった私
う〜ん♥
見れば見るほどホレボレ〜
ぽんの
スリム美人になるノート
でもちょっとだけ気になってることがありました
理想ではスリーサイズをスラスラ書けたけど
w88
w68
H89
私…正直自分のスリーサイズなんて
B?
W?
H?
ちゃんと測ったことない…
ダイエットするのにこれでいいわけないよね…
実は体重も3カ月ぶりに測ってびっくりしたばかり
95kg!?
うそでしょ!?

……
勇気を出して測ってみようかなスリーサイズ
ゴクリ
でもうちには金属のメジャーしかなかったっけ
こーいうカシャカシャしたやつ
慌てて100円ショップで買ってみたものの
ソーイングコーナー
おっこれだ
チキチキ
現実を直視するのはつらい
こ…怖くて測れない…
ドラえもんと同じサイズだったらどうしよう…
プル
プル
ままあ別にスリーサイズなんて知らなくても体重は分かってるんだし
ダイエットはできるよね
ササッ
……
でも…
チラ
理想のスリム美人
自分のこと見て見ぬふりしたりごまかしたりするのって
スリム美人っぽくないかも…

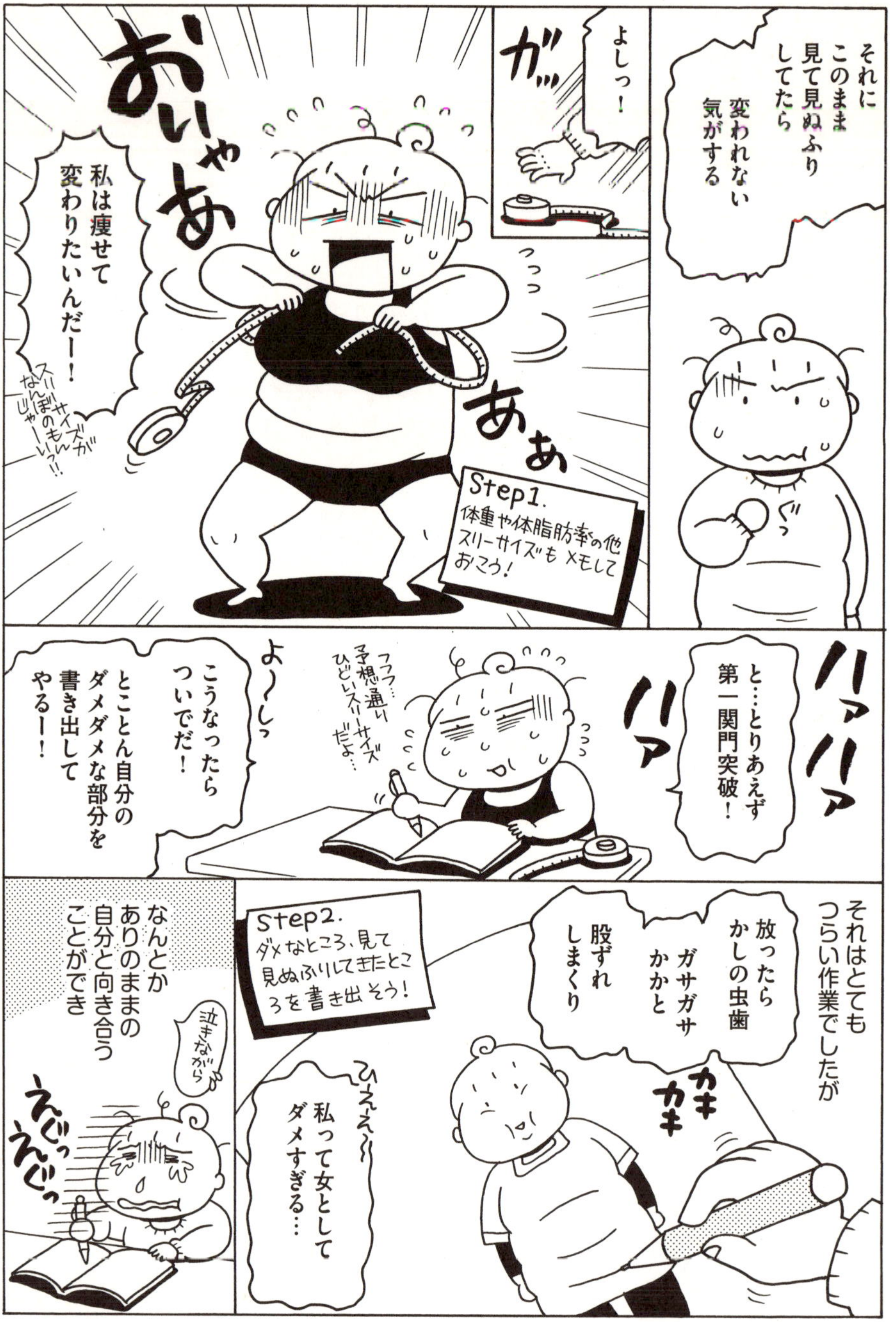
それに
このまま
見て見ぬふり
してたら
変われない
気がする
ぐっ
よしっ！
ガッ
おいゃあ
ああ
私は痩せて
変わりたいんだーー！
スリーサイズが
なんぼのもんじゃーいっ!!
Step1.
体重や体脂肪率の他
スリーサイズも メモして
おこう！
ハァハァ
ハァ
と…とりあえず
第一関門突破！
フフフ…
予想通り
ひどいスリーサイズ
だよ…
よ〜しっ
こうなったら
ついでだ！
とことん自分の
ダメダメな部分を
書き出して
やるー！
それはとても
つらい作業でしたが
放ったら
かしの虫歯
ガサガサ
かかと
股ずれ
しまくり
カキ
カキ
ひえぇぇ〜
私って女として
ダメすぎる…
Step2.
ダメなところ、見て
見ぬふりしてきたとこ
ろを書き出そう！
なんとか
ありのままの
自分と向き合う
ことができ
泣きながら
えぐっ
えぐっ

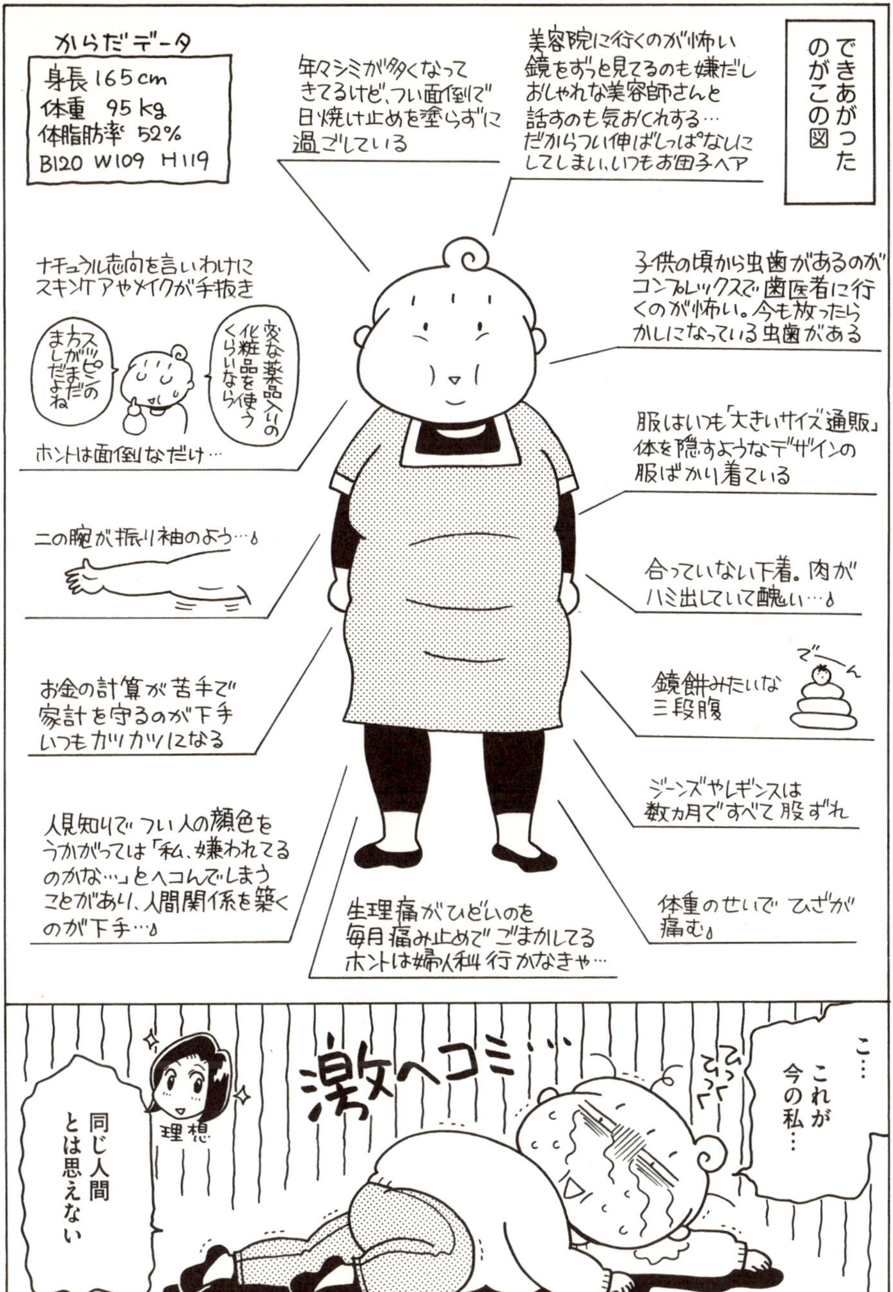
できあがったのがこの図
からだデータ
身長 165cm
体重 95kg
体脂肪率 52%
B120 W109 H119
年々シミが多くなってきてるけど、つい面倒で日焼け止めを塗らずに過ごしている
美容院に行くのが怖い 鏡をずっと見てるのも嫌だし おしゃれな美容師さんと話すのも気おくれする… だからつい伸ばしっぱなしにしてしまい、いつもお団子ヘア
ナチュラル志向を言いわけにスキンケアやメイクが手抜き
変な薬品入りの化粧品を使うくらいなら
スッピンの方がまだましだよね
ホントは面倒なだけ…
子供の頃から虫歯があるのがコンプレックスで歯医者に行くのが怖い。今も放ったらかしになっている虫歯がある
服はいつも「大きいサイズ通販」体を隠すようなデザインの服ばかり着ている
二の腕が振り袖のよう…
合っていない下着。肉がハミ出していて醜い…
鏡餅みたいな三段腹
でーん
お金の計算が苦手で家計を守るのが下手 いつもカツカツになる
ジーンズやレギンスは数カ月ですべて股ずれ
人見知りでつい人の顔色をうかがっては「私、嫌われてるのかな…」とヘコんでしまうことがあり、人間関係を築くのが下手…
体重のせいでひざが痛む
生理痛がひどいのを毎月痛み止めでごまかしてる ホントは婦人科行かなきゃ…
こ…
これが今の私…
ひっく ひっく
激ヘコミ…
理想
同じ人間とは思えない

でもあることに気がつきました
あ…あれ？
ズビッ
ぐいっ
爪やかかとのケアって 太っててもできることなのに…
昔はネイルアートが趣味だった
ミュールのためにかかとも磨いてた
私…なんでやらなくなってたんだろう…
そういえば太るにつれ自分にはおしゃれが似合わない気がして
なんとなくやめちゃってたんだっけ…
私って…太ってることを言い訳にして
今できることまで放ったらかしにしてたのかも…
ぽんの
はっ
そうか！
スリム美人あるあるを集めてみて気がついたのは
美人は自然と美人なのではなく
毎日少しずつ努力している
だったけど
スキルUP

私の場合
太っていてもできることも放ったらかしにしてたから
おデブになっちゃった
ってことなのかも!!
ひ〜え〜
爪やかかとのケアの他にも今できることって何だろう!?
ということでまずは…
「理想のスリム美人像」の中から今から始められるものを探し
ヘアケアとかナチュラルスキンケアとか
あ 歯の治療とか
髪にツヤがありツルツルしている
体や肌に良いナチュラルコスメを使っている
毎日適度な運動が日課
キレイな歯
ムリのない運動だってホントは今からでも始められるんだよね
おっとメモメモ
次に「ダメダメな自分」の中からも探してみました
うわぁ
こっちもけっこうあるぞ
つい面倒で日焼け止めを塗らずに過ごしている
家計を守るのが下手
美容院伸ばしっぱ
生理痛がひ
毎月痛み
美容院や婦人科
日焼け止めとかお金の使い方とか
Step3
今すぐはじめられることを探して"今すぐやろうリスト"を作ってみよう!
そしてこのリストを少しずつやってみることにしたのです
まずかかとをみがいて
クリームぬろうっと
腹肉が邪魔で磨きにくい…

すると数日後
あ…あれ？
なんだか私
体重はまだ少ししか減ってないのに
なんだか小ギレイになってる気がする！
ヘアケアをはじめたのでまとまりが良くなってきた髪の毛
さかむけが減り、ツメの形が整ってきた指先
寝る時はテキトーなTシャツをやめてきちんとパジャマ
ツルツルかかと
それにこれまでのダイエットでは
体重ばかり気にして
今日で2日も減ってないっ
んも〜
イラ
イラ
イラ
イラ
毎日イライラしていたのに
体重が減ってなかった日でも
“今すぐやろうリスト”を実行していれば
スリム美人に近づいている気がして嬉しい!!
今すぐやろうリスト
つめみがき
かかとみがき
トリートメント
容院
スリーサイズを測るのは本当に怖かったけど
なんだか私本当に変われそうな気がしてきた！
ムフ〜ッ
よーしっ明日は思い切って歯医者だっ!!
ちょっぴり希望の光が見えてきたのでした

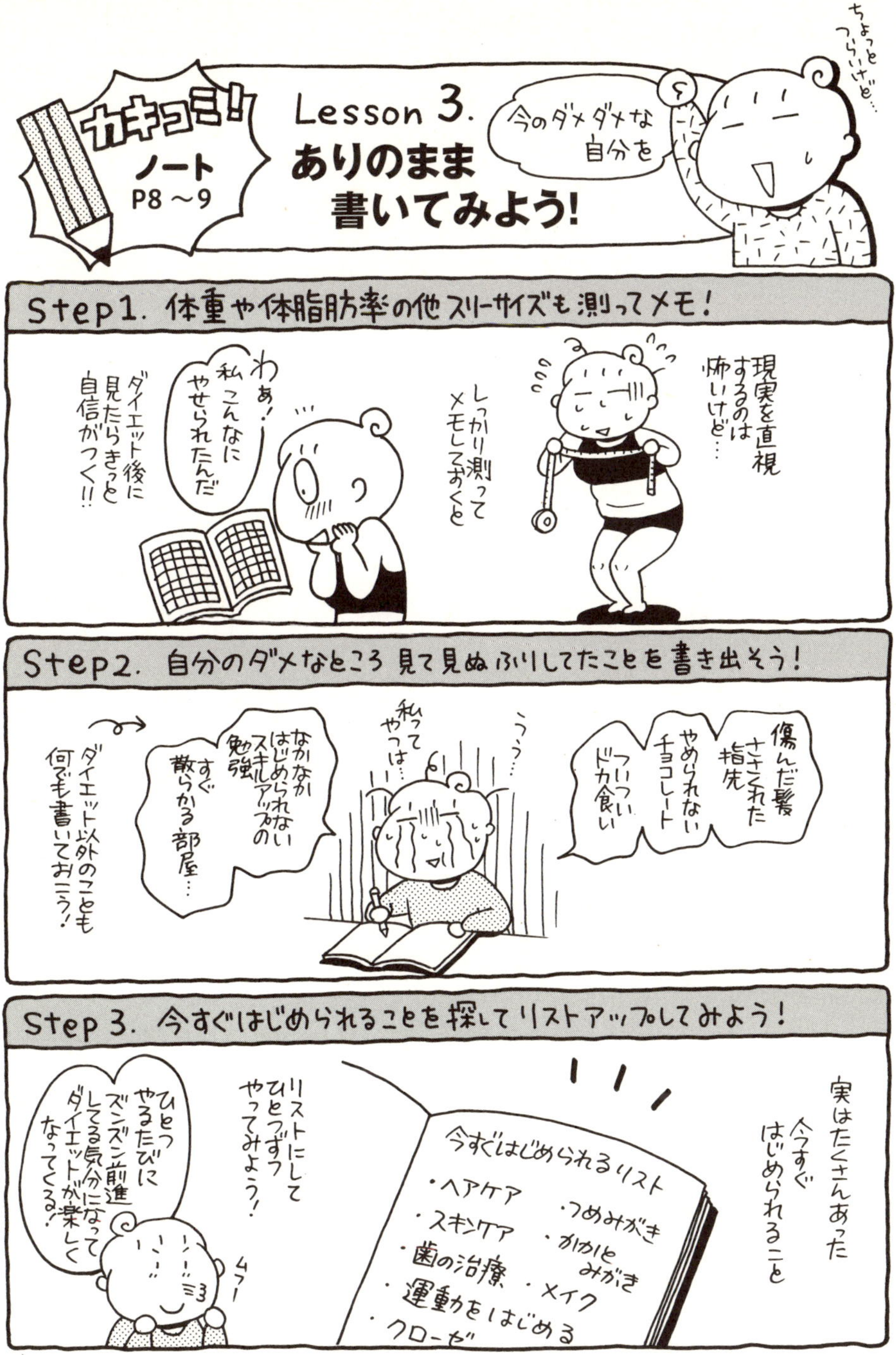
カキコミ!ノート
P8～9
Lesson 3.
ありのまま
書いてみよう!
今のダメダメな自分を
ちょっとつらいけど…
Step1. 体重や体脂肪率の他スリーサイズも測ってメモ!
現実を直視するのは怖いけど…
しっかり測ってメモしておくと
わぁ!私こんなにやせられたんだ
ダイエット後に見たらきっと自信がつく!!
Step2. 自分のダメなところ 見て見ぬふりしてたことを書き出そう!
傷んだ髪
ささくれた指先
やめられないチョコレート
ついついドカ食い
うう…
私ってやつは…
なかなかはじめられないスキルアップの勉強
すぐ散らかる部屋…
ダイエット以外のことも何でも書いておこう!
Step 3. 今すぐはじめられることを探してリストアップしてみよう!
実はたくさんあった今すぐはじめられること
今すぐはじめられるリスト
・ヘアケア
・つめみがき
・スキンケア
・かかとみがき
・歯の治療
・メイク
・運動をはじめる
・クローゼ
リストにしてひとつずつやってみよう!
ひとつやるたびにズンズン前進してる気分になってダイエットが楽しくなってくる!
ムフー

大公開！
ぽんのスリ真似ノート　Lesson 3

今のダメダメな自分を、ありのままに書いてみよう！

描いてて悲しくなるかもしれないけど、
ここでダイエットの決心も固くなるので頑張って！

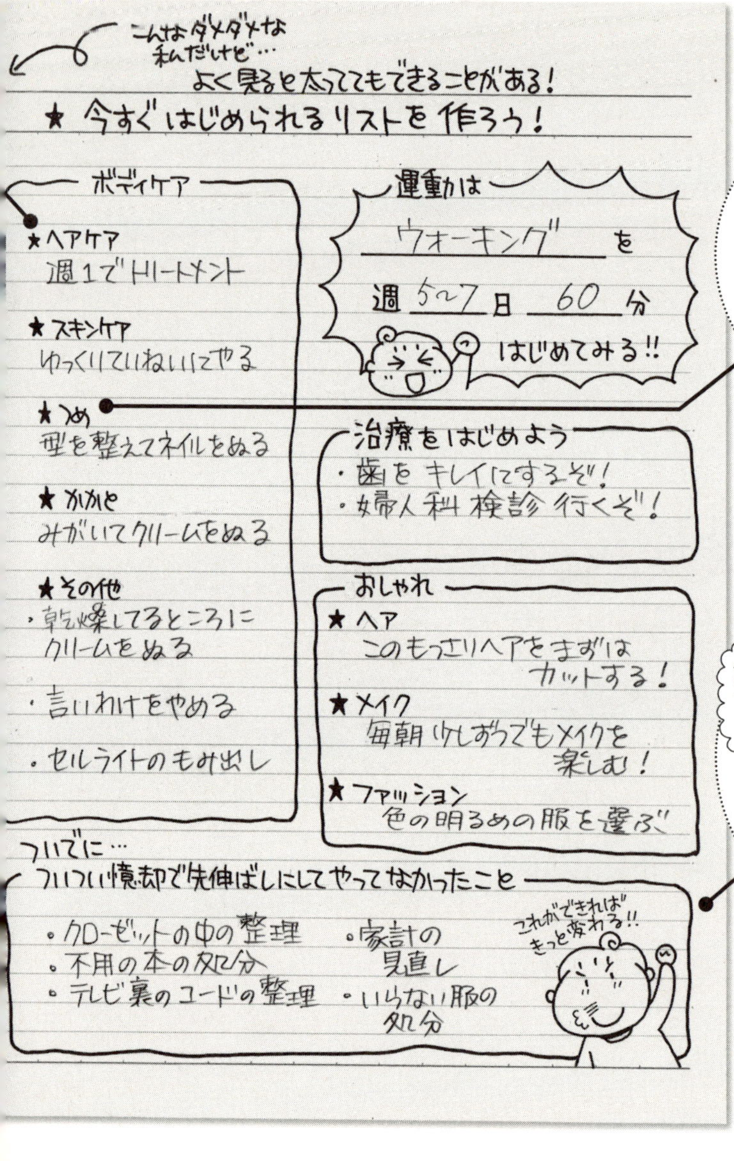

こんなダメダメな
私だけど…
よく見ると太っててもできることがある！

★ 今すぐはじめられるリストを作ろう！

ボディケア

★ヘアケア
週1でトリートメント

★スキンケア
ゆっくりていねいにやる

★つめ
型を整えてネイルをぬる

★かかと
みがいてクリームをぬる

★その他
・乾燥してるところに
クリームをぬる

・言いわけをやめる

・セルライトのもみ出し

運動は
ウォーキング を
週 5〜7 日 60 分
はじめてみる!!

治療をはじめよう
・歯をキレイにするぞ！
・婦人科検診行くぞ！

おしゃれ
★ヘア
このもっさりヘアをまずは
カットする！
★メイク
毎朝少しずつでもメイクを
楽しむ！
★ファッション
色の明るめの服を選ぶ

ついでに…
ついつい億劫で先伸ばしにしてやってなかったこと
・クローゼットの中の整理
・不用の本の処分
・テレビ裏のコードの整理
・家計の見直し
・いらない服の処分

これができれば
きっと変われる!!

末端をキレイにすると
「変身してきてる感」を
実感できるよ！
うふふ
キラキラ〜

まず1コだけでいいから
「エイッ！」とやってみると…

気持ちいいい！
私もやればできるじゃないの！
前向きな気分が
背中を押してくれる！
なんだか気分スッキリ！

ちょっとツライけど
数字はできるだけ書こう!

ダイエットが進んでくると
数値の減りが何よりも
楽しみになってくるよ!

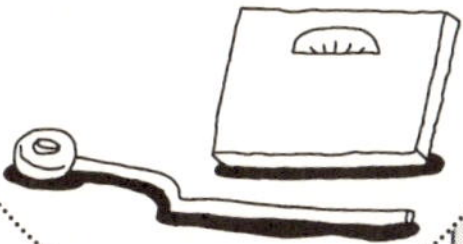

太ってても ダイエット中でも
おしゃれや体のケアは
今すぐ楽しめる!

これまで体験した
ダイエットを振り返って
みると リバウンドした
原因など改めて考える
キッカケになるかも

DIET

私の場合
言いわけを自覚したら…

私…また
言いわけして
食べようと
してる
今回は
やめとこ…
だって生理前
だから仕方ない…
うっ
POTATO
スナック

食べる量を 少しだけ
セーブできるように なった!

No.
Date.

Lesson 3 今のダメダメな自分を 描いてみよう!! (ありのまま)

- 体重は __95__ kg
- 体脂肪率は __52__ %
- スリーサイズは
  B __120__ W __109__ H __119__
- 運動は
  ぜんぜんしてない!!
- 太りはじめたのはいつ?
  子供の頃から
  おデブさん
- 過去最高体重は? (今)
  __37__ 才の時 __95__ kg
- これまで失敗した
  ダイエット法は?
  - 断食
  - りんごダイエット
  - おきかえダイエット
- 食べちゃう時の
  言いわけ

だって
生理前って
食欲増す
から ついつい
食べちゃうん
だよね〜

セルライト。

- どうしてもやめられない
  食べ物は?
  ごはんとパン!
  ビール
- 太っている自分がどんな時
  に嫌になる?
  - 外で洋服が買え
    ない時
  - 集合写真を
    見た時
- ついだらけてしまうのは
  メイク… スッピン
  髪… まとめ髪で
  ごまかす
  つめ… つめ切りで
  切るだけ
  ファッション… 体型が
  隠れるもの

つい食べすぎちゃうのは

お酒を飲むとき
旅行に行ったとき

他にも…

- 貯金やお金の扱いが
  下手くそ
- 人付き合いが下手

Lesson 4

私ってそんなに食べてたっけ?

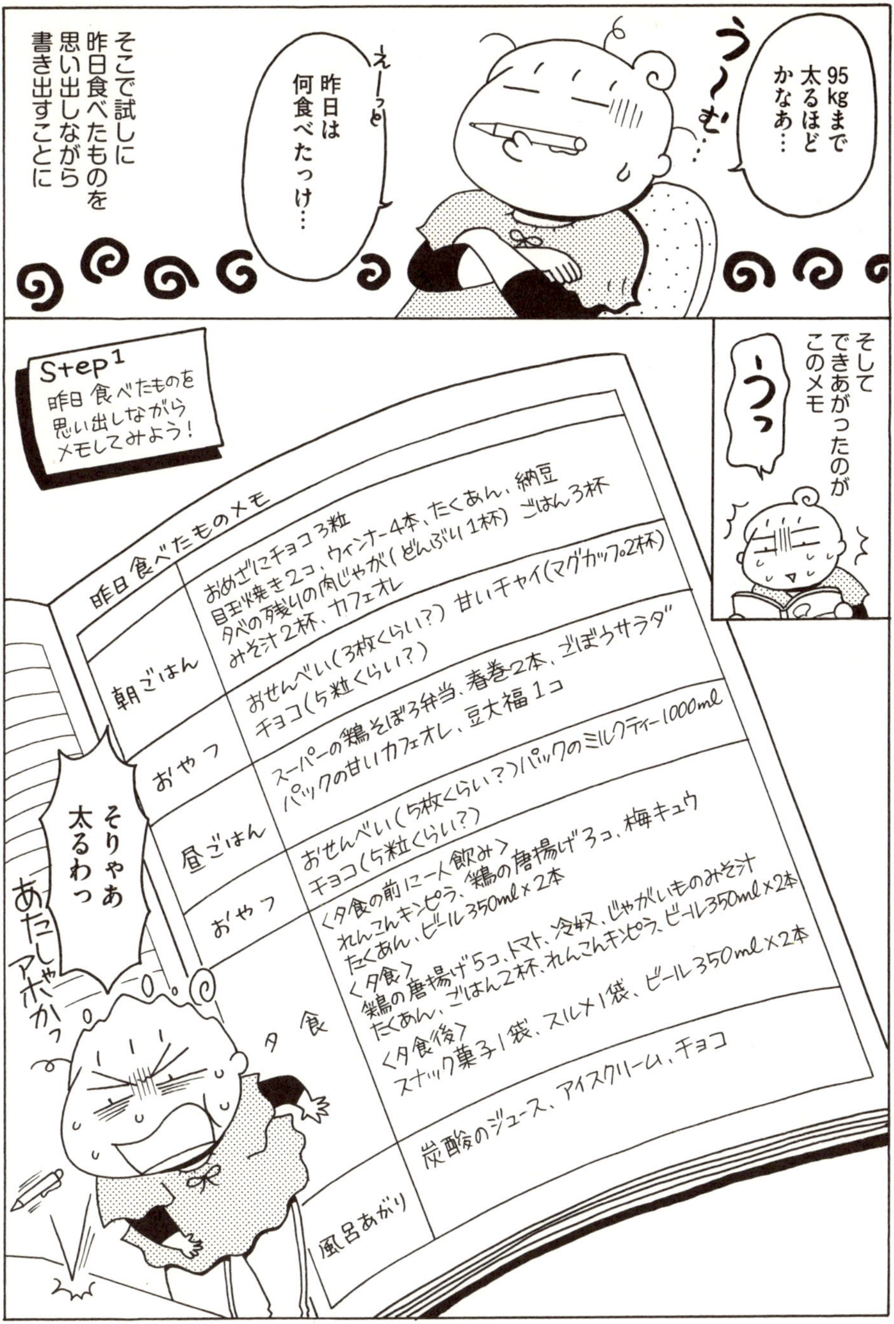
95kgまで太るほどかなあ…
う〜む…
え〜っと
昨日は何食べたっけ…
そこで試しに昨日食べたものを思い出しながら書き出すことに
そしてできあがったのがこのメモ
うっ
Step1 昨日食べたものを思い出しながらメモしてみよう！
昨日食べたもののメモ
朝ごはん
おめざにチョコ3粒
目玉焼き2コ、ウィンナー4本、たくあん、納豆
夕べの残りの肉じゃが（どんぶり1杯）ごはん3杯
みそ汁2杯、カフェオレ
おやつ
おせんべい（3枚くらい？）甘いチャイ（マグカップ2杯）
チョコ（5粒くらい？）
昼ごはん
スーパーの鶏そぼろ弁当、春巻2本、ごぼうサラダ
パックの甘いカフェオレ、豆大福1コ
おやつ
おせんべい（5枚くらい？）パックのミルクティー1000ml
チョコ（5粒くらい？）
夕食
<夕食の前に一人飲み>
れんこんキンピラ、鶏の唐揚げ3コ、梅キュウ
たくあん、ビール350ml×2本
<夕食>
鶏の唐揚げ5コ、トマト、冷奴、じゃがいものみそ汁
たくあん、ごはん2杯、れんこんキンピラ、ビール350ml×2本
<夕食後>
スナック菓子1袋、スルメ1袋、ビール350ml×2本
風呂あがり
炭酸のジュース、アイスクリーム、チョコ
そりゃあ太るわっ
あたしゃアホかっ

しかも更に恐ろしいことに
むむむっ
どうしてもチョコやおせんべいの正確な数を思い出せない
手の届くところにいつもある
ってことはもしかして
ホントはこれよりたくさん食べてるかもしれないってこと!?
自分が怖いっ!!
やっぱりスリム美人たるもの自分の食べるものは
量も質もきちんと気を配らなきゃいけないよね…
今日は野菜をたっぷり食べようっと
スリム美人っぽい
何枚食べたか覚えてない
スリム美人っぽくない
これからは食べたものをメモしてみようかな
レコーディングダイエットって効くっていうし…
――でもなあ
面倒くさがりなこの私が毎日
いちいちメモするなんて
今日の天気
夏休みの課題も3日と続いたことないし
かなり自信ない
三日坊主の自信はたっぷりある…
けどまあどうせ三日坊主なら3日くらいはやってみようかな～
ん?
いつからはじめようかな

よく考えたら平日と休日の生活って大分違うし
休日は外食が多い
ズルズル
平日はおうちごはんが多い
食べてるものや量もけっこう違ってそうだよね
ふむふむ
じゃあ休日も含めた3日間
木・金・土の
〝食べたものメモ〟をつけてみることにしよう！
そしてやってきた木曜日
ふあ〜
よく寝た〜
パクッ
毎朝おめざにチョコが定番
ひょいっ
おっと
今日から3日間はチョコ一粒でもメモするんだった
Step2 休日を含む3日間 〝食べたものメモ〟をつけてみよう！
もぐもぐ
ノート ノート
朝7時チョコ1粒
と
食べたものメモ
木 金 土
チョコ
朝
昼
夕
ちょっと面倒だけど
今日から3日間常にノートを持ち歩いてメモしよう
こうして〝3日間限定食べたものメモ〟を書き始めた私

木曜日
自宅でごはんやおやつを食べた時はもちろんすぐにメモ！
おかわり2杯目
缶ビール2本目
と
なんだかせわしないね…
ササッ
金曜日
友達と飲みに出かけた時は
カンパーイ
うっ…
皆の前ではメモしづらいなぁ…
そんな時は自分のお皿を携帯でパチリ！メモ代わりに
ん？
何それ ブログ用？
そ そうなの～
パシャ
土曜日
友達と出かけた時も
ケータイパチリ作戦♡
おいしそ～♥
割と皆撮ってるし
パチッ
パシャッ
そしてレシートや包装紙を持ち帰ることで
おいしーね～♪
ね～っ♥
忘れないように
コレ
持ち帰ろうっと
食べたものを忘れないよう工夫

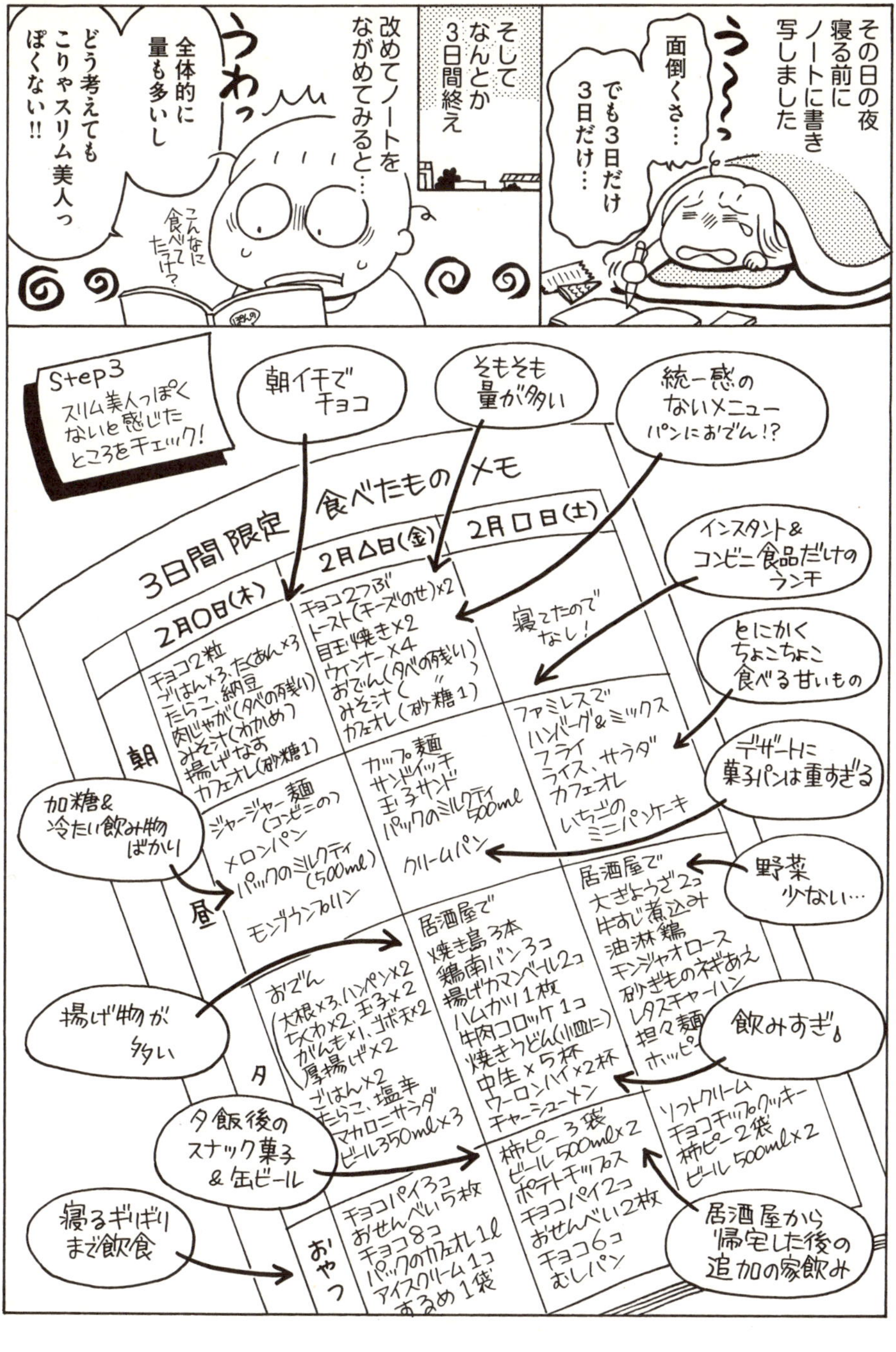
その日の夜 寝る前に ノートに書き 写しました
う〜〜っ
面倒くさ…
でも3日だけ 3日だけ…
そして なんとか 3日間終え
改めてノートを ながめてみると…
うわっ
全体的に 量も多いし
どう考えても こりゃスリム美人っ ぽくない!!
こんなに 食べて たっけ?
Step3 スリム美人っぽくないと感じたところをチェック!
朝イチでチョコ
そもそも量が多い
統一感のないメニュー パンにおでん!?
3日間限定 食べたもの メモ
2月○日(木)
2月△日(金)
2月□日(土)
朝
チョコ2粒 ごはん×3、たくあん×3 たらこ、納豆 肉じゃが(夕べの残り) みそ汁(わかめ) 揚げなす カフェオレ(砂糖1)
チョコ2つぶ トースト(チーズのせ)×2 目玉焼き×2 ウインナー×4 おでん(夕べの残り) みそ汁(〃) カフェオレ(砂糖1)
寝てたので なし!
昼
ジャージャー麺(コンビニの) メロンパン パックのミルクティ(500ml) モンブランプリン
カップ麺 サンドイッチ 玉子サンド パックのミルクティ500ml クリームパン
ファミレスで ハンバーグ&ミックスフライ ライス、サラダ カフェオレ いちごのミニパンケーキ
夕
おでん (大根×3、ハンペン×2 ちくわ×2、玉子×2 がんも×1、ゴボ天×2 厚揚げ×2) ごはん×2 たらこ、塩辛 マカロニサラダ ビール350ml×3
居酒屋で 焼き島3本 鶏南バン3コ 揚げカマンベール2コ ハムカツ1枚 牛肉コロッケ1コ 焼きうどん(小皿に) 中生×5杯 ウーロンハイ×2杯 チャーシューメン
居酒屋で 大ぎょうざ2コ 牛すじ煮込み 油淋鶏 チンジャオロース 砂ぎものネギあえ レタスチャーハン 担々麺 ホッピー
おやつ
チョコパイ3コ おせんべい5枚 チョコ8コ パックのカフェオレ1l アイスクリーム1コ するめ1袋
柿ピー3袋 ビール500ml×2 ポテトチップス チョコパイ2コ おせんべい2枚 チョコ6コ むしパン
ソフトクリーム チョコチップクッキー 柿ピー2袋 ビール500ml×2
インスタント&コンビニ食品だけのランチ
とにかくちょこちょこ食べる甘いもの
デザートに菓子パンは重すぎる
加糖&冷たい飲み物ばかり
野菜少ない…
揚げ物が多い
飲みすぎ。
夕飯後のスナック菓子&缶ビール
寝るギリギリまで飲食
居酒屋から帰宅した後の追加の家飲み

うー
む
このせいで95kgまで太ったのかぁ
納得
——でもスリム美人っぽい食生活をするなら
ごはんおかわり
アルコール
揚げもの
食べる量を減らさなきゃいけないし
油っぽいものもひかえなきゃダメだよね…
「この私にできるんだろうか
プル
プル
——…あれ？そういえば…
この前の土曜日スリム美人のY美ちゃんとランチした時…
私ハンバーグとミックスフライ！
ライスで！
えっ
けっこーゴツイの食べるんだ…
あ、じゃあ私も同じので…
いただきま〜す
おいしそー
ジュ〜ッ

ん〜〜っ
おいしっ!!
時々こういうガッツリしたの食べたくなるんだよね〜
うんうんわかる〜♪
ホッ
スリム美人もそんな時があるんだ
でも食べ終わる頃には
ふ〜
おいしかった！おなかいっぱい
1/3くらい残ってる
え〜っ!?
どうしよう…持ち帰りにさせてもらおうかな
もし良かったらエビフライどうぞ〜
あ、うんありがと
そうだった！スリム美人の食事って
おいしいものは食べてるけど
おなかいっぱいになったら無理しないって感じだった！
残しちゃうのはちょっぴり行儀悪いけど
ってことはスリム美人の食生活って
なんでもかんでもガマンするキツイ食事制限とは違って
おいしいものを適量食べるってことなのかも！
バランスよく適量
りんごだけ
それなら私にもできそう!!
ムフー
ぐぐっ
こうしていよいよ本格的にスリ真似生活が始まるのでした

おデブあるある
結局いつも似たようなメニューをオーダーしてしまう
だって食べもので失敗したくないし！
MENU

スリム美人あるある
衝動買いしてしまうのは旬のフルーツ
すっごい美味しそう

カキコミ！ノート P10～12

Lesson 4. 食べたものメモを書いてみよう！

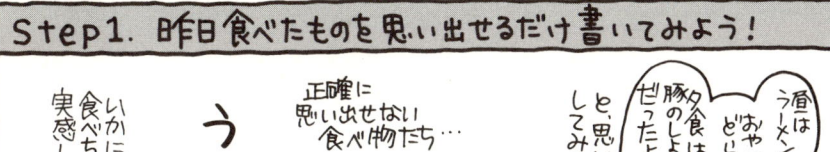

Step1. 昨日食べたものを思い出せるだけ書いてみよう！

え～っと…
昼はラーメン
おやつにどら焼き
夕食は豚のしょうが焼きだったよね
と、思い出そうとしてみるものの…
正確に思い出せない食べ物たち…
う…
つまみ
ビールの本数
コンソメ
POTATO
おせんべいの枚数
ミルクコーヒー
ドリンクの量
いかに無意識に食べちゃってたか実感してみよう！

Step2. 3日間限定の食べたものメモをつけよう！

ちょっと面倒だけど3日間だけ食べたものメモをつけよう！
サッサッ
メモするのは休日を含めた3日間だけ！
木
金
土
朝
昼
外食時は写真を撮ったり
レシートなどを持ち帰るとメモが楽！

Step3. スリム美人っぽくないと思ったところをチェックしよう！

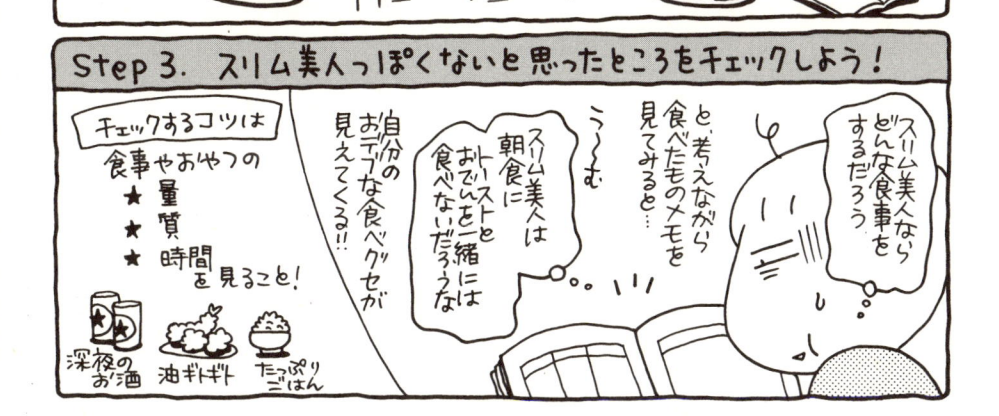

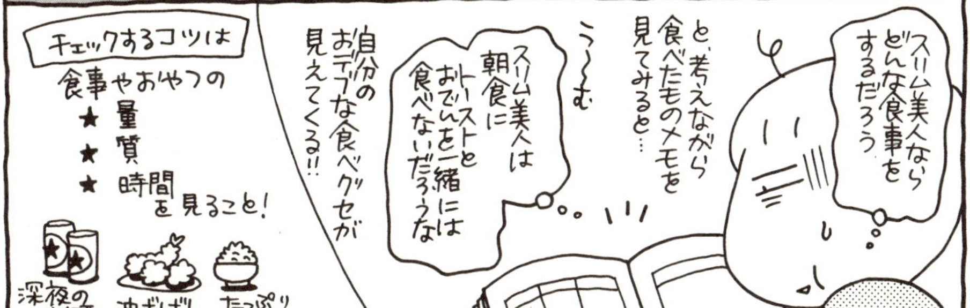

スリム美人ならどんな食事をするだろう
と、考えながら食べたもののメモを見てみると…
う～む
スリム美人は朝食にトーストとおでんを一緒には食べないだろうな
自分のおデブな食べグセが見えてくる!!
チェックするコツは
食事やおやつの
★ 量
★ 質
★ 時間
を見ること！
深夜のお酒
油ギトギト
たっぷりごはん

食べたものメモを書いてみよう!

大公開!
ぽんのスリ真似ノート Lesson 4

3段階で観察すると、
自分の食生活のダメなところが
いろいろ見えてくるよ。

その1 昨日食べたものメモ

つい昨日のことなのに
しかも自分のことなのに
正確に思い出せない
ことが大ショック!!

無意識食べを
実感してみよう!

私って思い出せないくらいむやみに食べてたんだな

Lesson 4　食べたものメモを書いてみよう!

● ★まずは昨日食べたものを思い出して書いてみる

おめざ	チョコ(2~3コ)
朝ごはん	目玉焼き2コ、ウインナー4本、たくあん、納豆、みそ汁2P ごはん3杯、夕べの残りの肉じゃが(丼いっぱい) カフェオレ
おやつ	おせんべい(3~4枚)、甘いチャイ(マグカップ2-3杯) チョコ(4~5コ)
昼ごはん	スーパーの鶏そぼろ弁当、春巻2本、ごぼうサラダ パックの甘いカフェオレ 1ℓ、豆大福1ケ
おやつ	おせんべい(5枚くらい?) パックのミルクティ1ℓ チョコ(5コくらい)
夕食前	れんこんキンピラ、鶏の唐揚げ、梅キュウ、たくあん ビール350ml×2
夕飯	鶏の唐揚げ(5コくらい) トマト、冷奴、じゃがいものみそ汁 たくあん、ごはん2杯、れんこんキンピラ、ビール350ml×2
夕食後	スナック菓子(1袋) スルメ(小1枚) ビール350ml×2
風呂あがり	コーラ、チョコアイス、チョコ.

※おやつの時間は決まっておらず、
テキトーにパクパク食べてた感じ

その2 3日間食べたものメモ

3日間 限定食べたものメモ ●

	2/10 (木)	2/11 (金)	2/12 (土)
朝ごはん	チョコ T ごはん下、たくあん3 たらこ、納豆、肉ジャガ みそ汁、揚げなす カフェオレ(砂糖1)	チョコ T チーズトースト 2枚 目玉焼き2コ、ウインナー4本 おでん(夕べの残り) みそ汁(〃) カフェオレ(砂糖1)	寝てたからナシ!!
昼ごはん	ジャージャー麺 メロンパン パックのミルクティ500ml モンブランプリン ※すべてコンビニで購入	カップ麺 サンドイッチ 玉子サンド パックのミルクティ500ml クリームパン	ハンバーグ&ミックスフライ ライス、サラダ カフェオレ(砂糖1) いちごのパンケーキ ファミレスで
夕ごはん	おでん (大根下、ハンペン一 ちくわT、玉子T がんも一、ゴボ天一 厚揚げ一 ごはんT、たらこ、塩辛 マカロニサラダ ビール350ml 下	焼き鳥3本 ハムカツ1枚 鶏南バン3コ 揚げカマンベール2コ 牛肉コロッケ1コ 焼きうどん(小皿に2) 中生5杯 ウーロンハイ2杯 チャーシューメン 居酒屋で	大ぎょうざ2コ 油淋鶏 牛すじ煮込み チンジャオロース 砂ぎものネギあえ レタスチャーハン 担々麺 ホッピー 5杯 居酒屋で
おやつ	チョコパイ 下 おせんべい 正 チョコ 正下 パックのカフェオレ 1ℓ アイスクリーム1ケ するめ小1袋	柿ピー 下 チョコパイT ビール500ml T ポテトチップス1袋 おせんべいT チョコ正一 むしパン1コ	ソフトクリーム チョコチップクッキー 正 柿ピー T ビール 500ml T

自分の食べぐせや
食べ過ぎを
具体的に感じる
ことができました

とにかく3日間だけ持ち歩いてがんばって書きました

その3 スリム美人っぽくない食べかたメモ

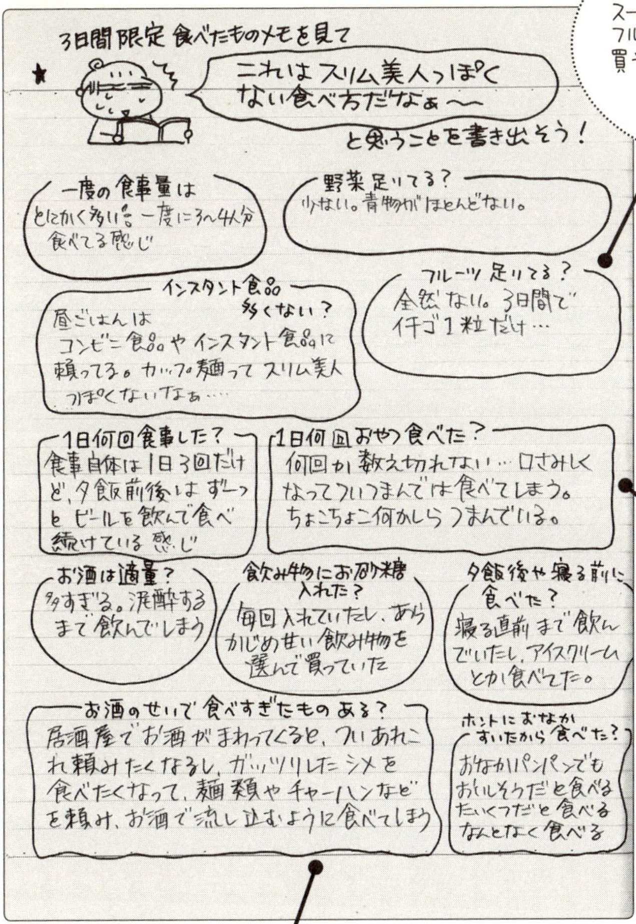
3日間限定 食べたものメモを見て

★ これはスリム美人っぽくない食べ方だなぁ〜〜

と思うことを書き出そう!

一度の食事量は
とにかく多い!! 一度に3〜4人分食べてる感じ

野菜足りてる?
少ない。青物がほとんどない。

インスタント食品多くない?
昼ごはんは コンビニ食品やインスタント食品に頼ってる。カップ麺ってスリム美人っぽくないなぁ…

フルーツ足りてる?
全然ない。3日間でイチゴ1粒だけ…

1日何回食事した?
食事自体は1日3回だけど、夕飯前後はずーっとビールを飲んで食べ続けている感じ

1日何回おやつ食べた?
何回か数え切れない…口さみしくなってついつまんでは食べてしまう。ちょこちょこ何かしらつまんでいる。

お酒は適量?
多すぎる。泥酔するまで飲んでしまう

飲み物にお砂糖入れた?
毎回入れていたし、あらかじめ甘い飲み物を選んで買っていた

夕飯後や寝る前に食べた?
寝る直前まで飲んでいたし、アイスクリームとか食べてた。

お酒のせいで食べすぎたものある?
居酒屋でお酒がまわってくると、ついあれこれ頼みたくなるし、ガッツリしたシメを食べたくなって、麺類やチャーハンなどを頼み、お酒で流し込むように食べてしまう

ホントにおなかすいたから食べた?
おなかパンパンでも おいしそうだと食べる たいくつだと食べる なんとなく食べる

これをチェックしてからというもの
スーパーで買い物する時は
フルーツや野菜も気をつけて
買うようになりました

うすうす気がついていた
食べすぎやダメダメな食べ方
はっきり文字にしてみると
更によく分かる!!
ちょこちょこお菓子をつまんでるとは思ってたけど15回とは!!
そりゃー太るわ!

プリッ

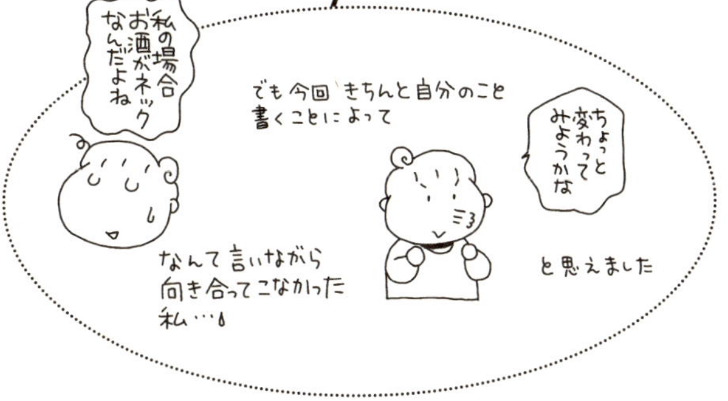
私の場合お酒がネックなんだよね
なんて言いながら
向き合ってこなかった
私…。
でも今回きちんと自分のこと
書くことによって
ちょっと変わってみようかな
と思えました

ここでちょっと
ノートは使わないけど
スリ真似ダイエットには重要なコトがあるのです！
それは…
正しい満腹感を知ること
です！
ずっと不思議に思ってたこと
あ〜おなかいっぱい
まだ食べ足りない…
同じ量
スリム美人
おデブ
なぜ私はスリム美人と同じ量で満腹にならないのか？
おデブは胃が大きくなってるのかな？
満腹中枢がおかしくなっているのかな？
生まれつきこういう体質なのかな？

でもある日気がついた！
もしかして…
スリム美人の満腹
腹八分目
おデブの満腹
ゲフ～
おなかぱんぱん
私の満腹感がまちがってる!?
そこで正しい満腹感を感じるためのトレーニング！
その1
おなかが鳴るまで食事をしない
きゅるるる
きちんと空腹を感じてから食事をする方が正しい満腹感を感じやすい
その2
食べる時は体の変化を感じながら食べる
お！体がポカポカしてきた
ポカ
ポカ
その3
「もったいないから食べる」はNG！
もうおなかいっぱいだよ
正しい満腹感を感じたら無理せず残そう
正しい満腹感のサイン♪
★おなかや体があったまってくる
★おなかの中心がちょっぴり重くなる
★苦しい感じではないけどもう空腹ではない
★今すぐ動き出せそうな元気が戻ってくる
何度もくりかえしトレーニングして正しい満腹感を感じられるようになろう!!

Lesson 5
自分だけのおまもりを作ろう!
おまもり
ピンポーン。
宅配便でーす
ハーイ
わ〜い
来た来た〜
NOSSEN
それは先日ネットで注文していた春物の洋服
太ってからはなかなか合う洋服が見つからず
服は通販で買うのが定番になっていました
10Lまである大きいサイズ専門サイト
どれどれ〜
バリッ
NOSSEN
じゃ〜ん
買うのはいつもダボッとしたチュニックや股ズレ防止布がついたジーンズ
内股に厚手の布が付いている
NOSSEN

あれ？
このジーンズちょっと大きかったかな～
通販ではあらかじめ試着ができないのでサイズ通り買っても合わない場合も多々あり…
返品しようかな…
――…
まいっか
今はいてるのがキツくなった時のためにとっておこう…
ぬぎぬぎ
はっ
今なんて思った!?
ギエェ～
今はいてるのがキツくなった時って今より太った時ってことだよね!?
恐ろしいっ!!
そ…そういえば私ってスーパーやコンビニでお菓子買う時も
これ買おっと
おせんべい
あれ食べた後口さみしくなった時のためにこっちも買っておこう
得用チョコレート
先回りしてよぶんに買ってた…
もしかして…
ギュッ

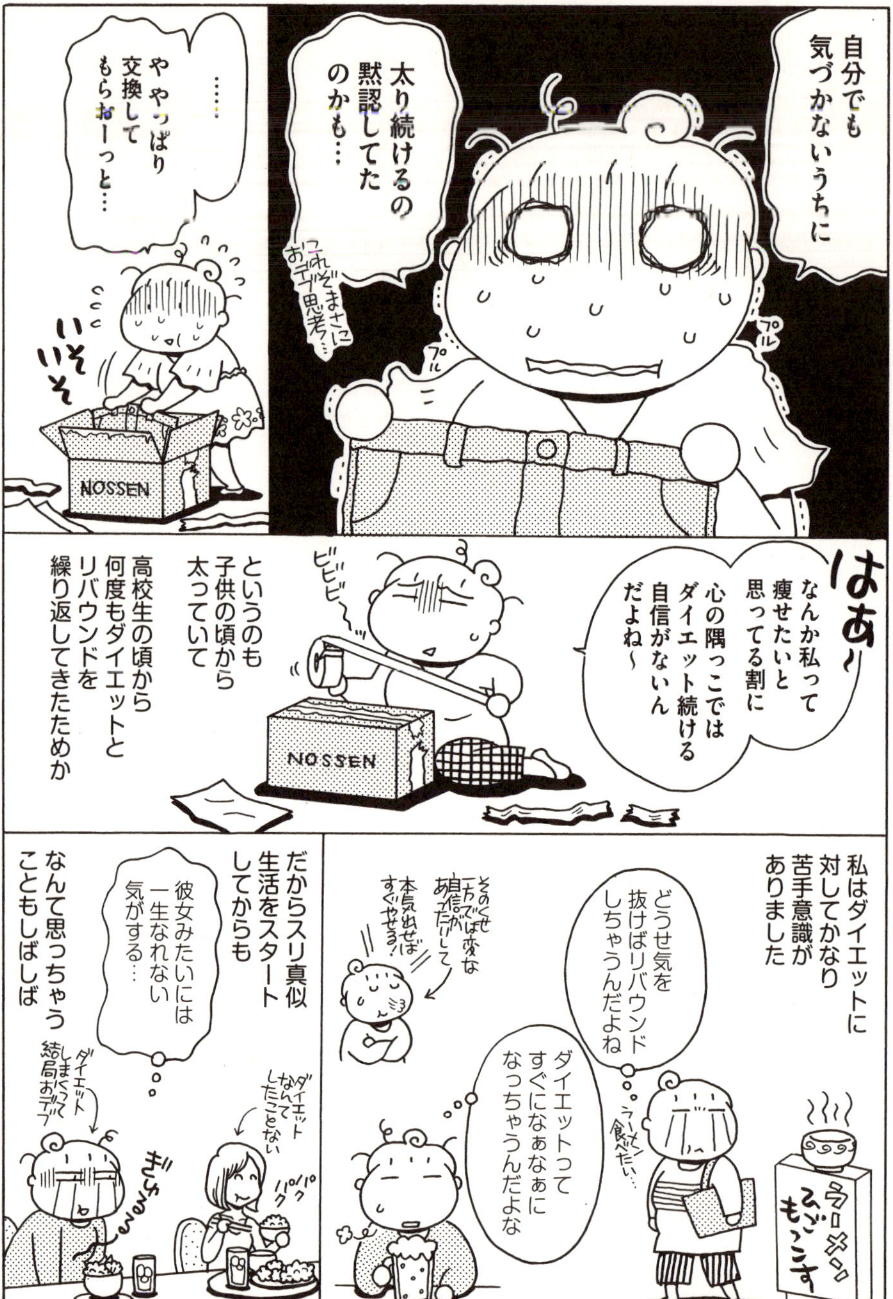
自分でも気づかないうちに
太り続けるの黙認してたのかも…
これぞまさにおデブ思考…
プル
プル
……
やっぱり交換してもらおーっと…
いそいそ
はぁ～
なんか私って痩せたいと思ってる割に心の隅っこではダイエット続ける自信がないんだよね～
ビビビ
というのも子供の頃から太っていて
高校生の頃から何度もダイエットとリバウンドを繰り返してきたためか
私はダイエットに対してかなり苦手意識がありました
どうせ気を抜けばリバウンドしちゃうんだよね
そのくせ一方では変な自信があったりして
本気出せばすぐやせる!
ラーメン食べたい…
ひごもっこす
ダイエットってすぐになぁなぁになっちゃうんだよな
だからスリ真似生活をスタートしてからも
彼女みたいには一生なれない気がする…
ダイエットなんてしたことない
パクパク
ダイエットしまくって結局おデブ
なんて思っちゃうこともしばしば

はぁ…
何だか今回も上手くいかないような気がしてきた…
ず～～ん
どうせムリ
どうせムリ
どうせムリ
ネガティブおばけ
ぴとっ
なんか肩が重い…
おっと
すっかり散らかしちゃったな
片付けようっと
使ったあとにすぐに片づけないと
すぐまた昔みたいに汚部屋になっちゃうからね
実は子供の頃から片づけが苦手で
かなり散らかった部屋に住んでいた私
でも5年前一念発起して大そうじ!
それからはなんとかコツをつかんでキレイな空間をキープしています
この私が片づけができるようになるなんて思わなかったな～
……
そっか
いくら苦手でも色々試しているうちに
できるようになることってあるんだなぁ

苦手なことって どうせ上手く いかないって 思いこんでたけど
小学生の夏 朝寝坊を克服 ラジオ体操 皆勤賞
高校生の頃、苦手だった数学を集中して頑張って100点取った!
100
めっちゃヘビースモーカーだったけど 一度でスパッとやめられた!
NO!
私だって 苦手を克服 したこと あったよね
ささいなことだけど
ダイエットも 今まで何度も 失敗して リバウンドを 繰り返して きたけど
90
85
80
75
70
65
kg
20
25
30
35
40才
ダイエット
リバウンド
デブ★スパイラル人生
スリム美人生活の コツをつかめば もしかしたら 今度こそうまく いくかも!?
うん!
なんだか ダイエット 頑張れる 気がしてきた
フンッ
ひえ〜
ということで
ノート登場
ラジオ体操と
数学
禁煙
あ、あと 汚部屋脱出ね
Step1
これまでの人生で「やりとげたこと」や「苦手を克服したこと」を書いてみよう!
★小学生の夏 朝寝坊を克服、ラジオ体操皆
賞もらった
★高校の頃、苦手だった数学を集中して

だ・か・ら…
キュッ
★高校生の
★めっちゃヘビー
★片付けが苦手だっ
私だって苦手を克服できる
だから
このダイエットもやりとげることができる!
キュッ
おお〜っ
きちんと言葉にするとホントにできる気がするなあ
あ
いいこと思いついた♪
ダイエット成功したらやりたいことも書いちゃお!
Step2 ダイエットに成功したらやりたいことを書き加えよう!!
★小学生の頃、朝寝坊を克服、ラジオ体操で皆勤賞もらった
★高校の頃、苦手だった数学を集中して頑張って100点取った!
★めっちゃヘビースモーカーだったけど1度でスパッとやめられた!
★片付けが苦手だったけど、大そうじしてキレイをキープしている!
私だって苦手を克服できる!
だから
このダイエットもやりとげることができる!
いくつになっても可愛い平子理沙さんみたいにありたい!!
肩丸出しのキャミワンピ着るぞ!
やせたらさっそうと街を歩く
気がねなくビーチで水着!!
スッキリした髪型にしたい!!
ショートパンツのおしゃれをしたい!
おお〜っ!
ヤル気に加えて夢もふくらむ!!
着たい服とかしてみたい髪型とか
そうだ!
「こうなりたい!」っていうモデルさんの切り抜きも貼っちゃお

このノートを書き終えた私は
いつでも見られるようスマホで画像を持ち歩き度々ながめるようになりました
パシャッ
ふふふ〜
なんだかこれダイエットの"おまもり"みたいな気がしてきた
スーパーでお菓子を買いたくなった時
そうだ！私は頑張れる！
おせんべい
ちょっぴり体重が増えて落ち込んだ時
こんなに頑張ってるのになんで…
ついドカ食いしてしまってくじけそうになった時
ううう
Step3
おまもりを持ち歩こう！
このおまもりを見ると
今日は食べちゃったけど
明日からまたスリム美人生活頑張ってみよう
くすん
だってキレイになりたいもん
少しだけ元気が出ました
そしてこの時の私はまだ…
このおまもりがダイエットだけでなく
うう
○×さんから飲み会メールだ…
この人最近苦手なんだよね…
普段はいい人 酔うと自慢話が多くなる…
○×さん
自分の中の全ての苦手意識に影響し始めていることに
気がついていなかったのでした
ま
楽しく飲めるように頑張ってみようかな！
うん！きっとできる！

カキコミ！ノート P14〜15

Lesson 5. 自分だけのおまもりを作ろう！

苦手意識をぶっとばせ！

Step1. これまでの人生で「やりとげたこと」「苦手を克服したこと」を書こう！

どんな小さなことでもいいから
書き出してみよう
本当は自分だって苦手を克服する力を
そうだ！私だってできるんだ！
ぐっ
持っているんだって気づけるはず！

Step2. ダイエットに成功したらやりたいことを書こう！

着たい服や憧れのモデルさんの切り抜きを貼ろう！
やせたらキャミ着るぞ♥
こんな風になりたい♡
おしゃれを楽しみたい！
夢がふくらんでますますヤル気UP！
カラーペンやシールでデコっちゃうのもいいね！

Step3. おまもりを持ち歩こう！

パシャッ
できあがったノートをスマホで撮影
ダイエットにくじけそうになった時にながめて
もう一度
私だってできるんだ
って気持ちを思い出そう！
そんな気持ちはきっと自分を変えてくれる！

大公開！
ぽんのスリ真似ノート Lesson 5

自分だけのおまもりを作ろう！

モチベーションがアップ！
ダイエットを続ける強い味方になること間違いなし。

スリム美人になったら何したい!?!?
おしゃれを楽しみたい！
皆をびっくりさせたい！
周りの目を気にせず外出を楽しみたい！
いろんな髪型、メイクをためしたい！
さっそうと街を歩きたい！
リゾートででいっアパッ…♥
しかも水着!!
チューブトップかっこいい!!
サングラスが似合うカッコイイ大人の女性になりたい♥
帽子のおしゃれもしたい!!
明るい＆ノースリーブしかも足出し!! こんな服が着たい！
肩丸出し
キレイ色のパンツでおしゃれしたいっ!!
足を丸出し!!
かわいいショートパンツはきたいっ!!
ジーンズが似合うスラッと足!!
いいなー

あんな服着られくうらやましい…
って思った服を貼ろう！

待ち受けにするといつでも見られる！
食べたくなった時
買いたくなった時
見てヤル気を
呼び戻してました

おまもりを作ったら
焦らなくなった！

きっと結果は
ついてくる！

焦らずじっくりやってみようっと

Lesson 5　自分だけのお守りを作ろう！

今まで何度もダイエットに失敗してきたから、今度もどうせまた失敗しそう…

またドカ食いやリバウンドでダイエットが嫌になって、ハンパにして投げ出してしまうかも…

⇩

でも…

苦手だと思ってたけど、克服してきたことも
今までいろいろあったっけ…

★ 小学生の頃、苦手な早起きを克服して
夏休みのラジオ体操皆勤賞！

★ 高校生の頃、苦手な数学を集中して頑張って
100点とれたー！

★ ヘビースモーカーだったけど、禁煙を決心したら
1度でキッパリやめられた上、以来1本も吸ってない

★ 一念発起して部屋を片付けてから、そうじや
片付けを頑張ってるし 汚部屋を脱出した!!

できる

⇩

苦手だと思ってたことも
自分次第で克服できる！

⇩

ダイエットだってきっと今度こそ克服できる！

35kg以上やせてスリム美人になる！

他にも
・褒められたこと
・これだけは自信がある！
も 書いてみよう

1

私は できる！

と、言葉にしてみると
すごく元気が
出ました！
オススメです！

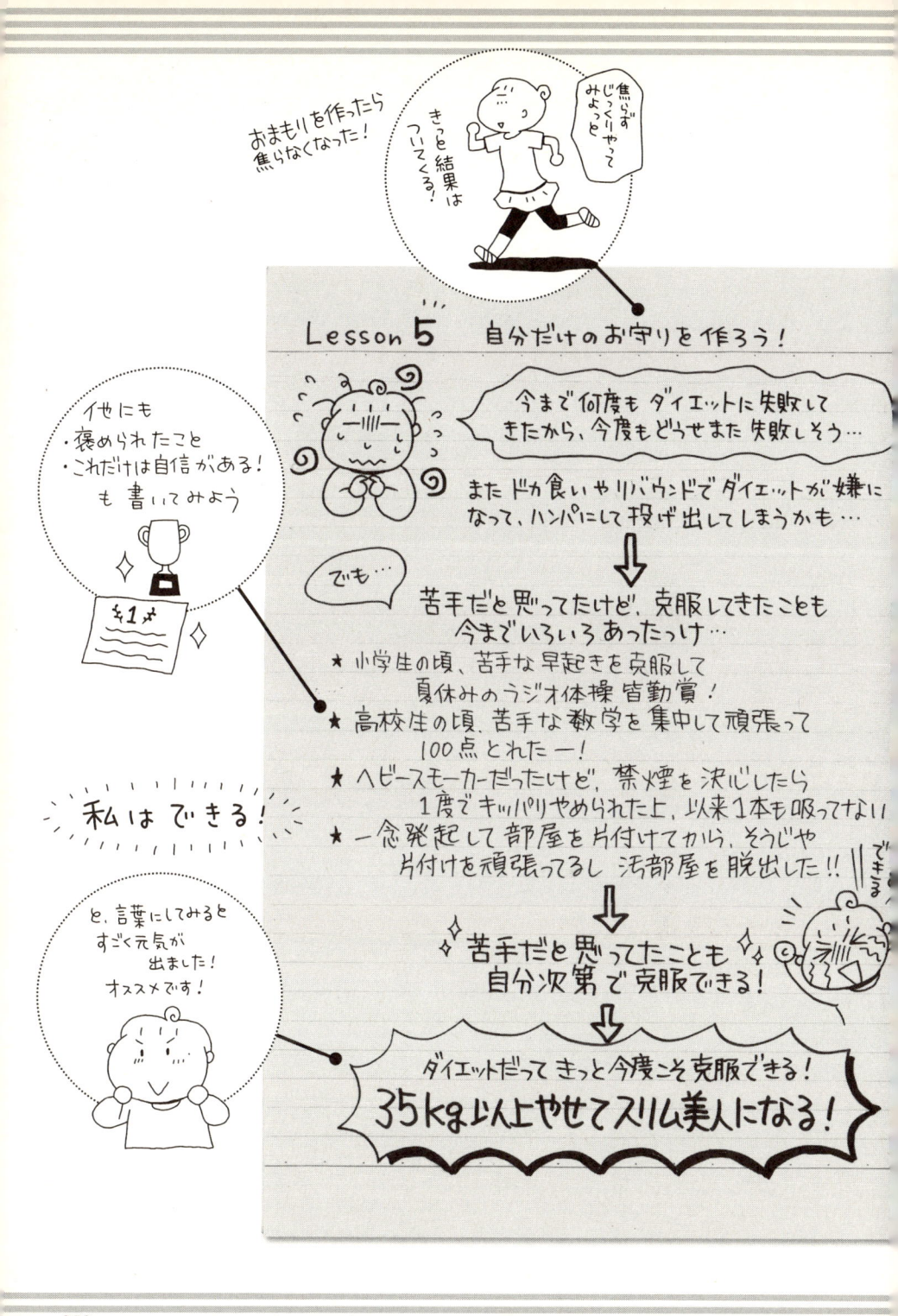

Lesson 6

ウォーキングを楽しく続けよう

スリ真似ダイエットを始めて数週間
今までのダメダメダイエットから卒業するには
やっぱり運動も必要だよねぇ
スリム美人ならエクササイズのひとつやふたつやってそうだし…
これまで観察させてもらったスリム美人たちは
週2でジムに通ってるよ
24才会社員
加圧トレーニングしてるんだー
30才自営業
自宅でピラティスを週3くらいかな
32才主婦
フラメンコ週1で習ってるよ
35才会社員
なーんて言ってたもんな
—とはいえお金がかかるものはさけたい…
おこづかい制

ってことはやっぱり
町内のジョギングが手頃かなあ
ジャージとスニーカーはあるし…
旅行用にアクティブな服やシューズは買ってあった
でも…
人目が気になるんだよね…
ホッホッ
ドスッドスッ
プププ「おデブがダイエットに必死だね」
ねープププっ
こんな風に思われそうで…
ま、まぁ…
早朝の住宅街ならあんまり人通りがなさそうだから大丈夫かな
とりあえず初日は軽く3㎞くらいを流せばいいか
実は元陸上部
翌日軽い気持ちで臨んだジョギングでしたが…
ひえぇぇぇ〜
ハァゼェ
ハァゼェ
ドスドス
体が重くてキツイ!!
体中の肉が波打ってるよ〜!!
ハァ
ゼェ
ボヨンタプン
ボヨンタプン
おデブは背中のお肉までゆれる
ドス
ドス

はっ
通りすがり
ジョギングなんてしていません
のフリ
ムフムフームフー
さささ
こうしてジョギング1日目は
大失敗に終わったのだった
結局1㎞もまともに走れなかった…
ゼェゼェ
もうやだジョギング
キツすぎて続けられる気がしないよ～
ということで翌日からはウォーキングにチェンジ
うん
これならキツくない
ホッホッ
でもしっかり汗はかける
ウォーキングならあんまり人目が気にならないんだな
肉が波打たないからかな～
それに朝の空気が澄んでておいしい!!
てくてく
てくてく
てくてく
これならどうにか続けられるかもな～
紆余曲折ありながらもスタートしたウォーキング
ウォーキングした日はカレンダーに丸つけとこ

時には面倒くさくなったり
あー雨降ってないかな～
時には歩く時間帯を変えるなど工夫をしつつ
夕方6時
あきないように
時にはコースも変えて
なんとか2カ月続けてみたら…
週3～5回ウォーキングしています
ある日のこと
あれ？
なんだか細くなってない？
二の腕や腰回りがスッキリしてきたような…
そうだ！
“美人になるノート”にスリーサイズをメモしてあったよね
ちょっと怖いけど今のサイズと比べてみようかな
え～っと
Bが115㎝
Wが102㎝
ドキドキ
ドキドキ
メモメモ
ササッ
うふふ
2カ月でどれくらい変わってるかな～
ドキドキ
ふむふむ
ん？
んんっ⁉
思わず二度見

スゴイッ!!
今の私のダメダメなところ
からだデータ
身長 165cm
体重 95kg
体脂肪率 52%
B120, W109, H119
2カ月後
B115、W102、H109
バスト−5cm
ウエスト−7cm
ヒップなんて10cmも減ってる!!
ひゃ〜
10cmも変わればそりゃ見た目も変わるよね!!
嬉しいな嬉しいな〜
ああんもう〜!!
どうせならBWHだけじゃなく太ももや足首二の腕のサイズも測っておくんだったなー!!
私のバカバカ
あれだけスリーサイズを測るのを怖がっていたのがウソのよう
怖い… 怖すぎる
今からでも測っておこうっと!
Step1
1カ月ごとに体のサイズを測ってメモ!!
やっぱり太くてプヨプヨしてる部分をチェックしたいよね〜
よし!メモOK!
うふふ 来月はどれくらい減ってるかな〜
続けられるかちょっと不安だったウォーキングでしたが

体重だけでなく体のサイズも確実に変わってきたとたん
ブン
ブン
ブン
明日はもう少しキビキビ歩いてみようかなー！
がぜんやる気に！
しかもサイズの変化で心にも影響が
スーパー SEIFU
フンフ〜ン♪
夕飯の買い出し中
私のお尻は10㎝小さくなった!!
プリッ
りんご ¥398
たらら〜ん♪
信州みそ
くるっ
ちゃんと痩せてきてる!!
わかめ
クイッ
?
スタッ
運動が続いてる私ってエライかも!!
体重的にはまだまだおデブだけど
なんだか身も心も軽くなった気分♡
こりゃ〜続けるしかないよなっウォーキング♥
SEIFU
スキップスキップ
頑張りは心の勲章
コツコツやっていこうと心に決めた私なのでした

ぽん式 ウォーキング!
ちゃんと汗をかく
息が速くなる
腕を90度に曲げて歩くと運動効率UP!
胸を張って背すじを伸ばす
影をチェックすると自分の姿勢に気が付きやすい
骨盤から前に出す感じで脚を出す
服装、シューズは運動用で体に合ったものを
親指の付け根あたりに重心をかけて、うしろに蹴るように歩く

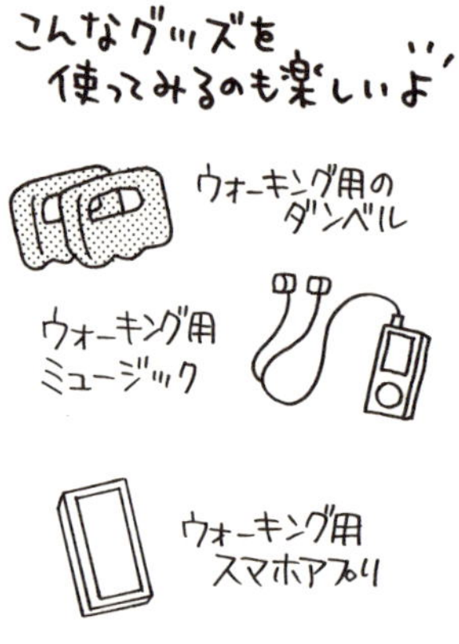
こんなグッズを使ってみるのも楽しいよ
ウォーキング用のダンベル
ウォーキング用ミュージック
ウォーキング用スマホアプリ

正しいウォーキングのしかたを自分で調べてみるのもいいよ!

ウォーキングしながら上半身もシェイプUP!
両手をパタパタしながら
ペンギン歩き
ガオー!!
ガオーッ!と両手を上げながら
熊出没注意!歩き
シュッ
交互にパンチしながら
ヤングマン歩き
うしろに腕をふりあげて
吉川晃司歩き

カキコミ!ノート P16〜17

Lesson 6. からだデータをメモしよう!

なかなか体重が減らなくて
なんで!?
どうして減らないのっ!?
……
イライラすることがあるけど
でも本当は…
あれ?
あれれ?
実はひきしまってスリムになっているかもしれないっ!!
実は2カ月で−10cm!!
そんな変化を実感するためにも1カ月ごとにからだデータをメモしよう!
体のサイズを測るのはちょっと勇気いるけど
減ってるの見えるのは楽しいもんね!
ひきしまってきてるのが分かるとウォーキングのはげみにもなるよ

からだデータをメモしよう！

最初はちょっと怖いけど、
ダイエットがうまくいきはじめると
測るのが楽しくなるはず！

★1ヵ月ごとにからだデータをメモしよう！

	2/1	3/1	4/1	5/1	6/1	7/1
体重	95 kg	90 kg	87 kg	83 kg	80 kg	78 kg
体脂肪率	52 %	48 %	45 %	41 %	38 %	36 %
バスト	120 cm	cm	115 cm	113 cm	112 cm	111.5 cm
ウエスト	109 cm	cm	102 cm	100 cm	99 cm	99 cm
ヒップ	119 cm	cm	109 cm	105 cm	104 cm	103 cm
二の腕	cm	cm	34 cm	33.5 cm	33 cm	32.5 cm
手首	cm	cm	17 cm	16.5 cm	16.5 cm	16.5 cm
太もも	cm	cm	65 cm	64 cm	63 cm	61 cm
ふくらはぎ	cm	cm	42 cm	41 cm	40.5 cm	40.5 cm
足首	cm	cm	24 cm	23 cm	23 cm	22.5 cm

メモするのは
毎月だいたい同じ日の
同じ時間に！

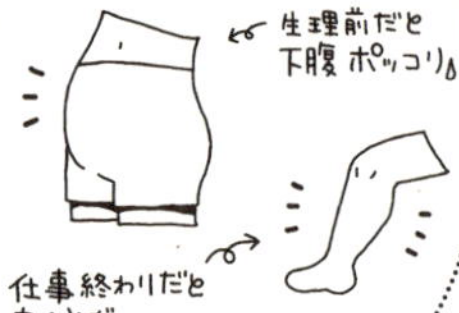
生理前だと
下腹ポッコリ。
仕事終わりだと
むくみが…

おすすめは
生理後の休日の朝
スッキリした体で測ろう！

ウエストやヒップは
減るのが早いから
楽しいよ〜！

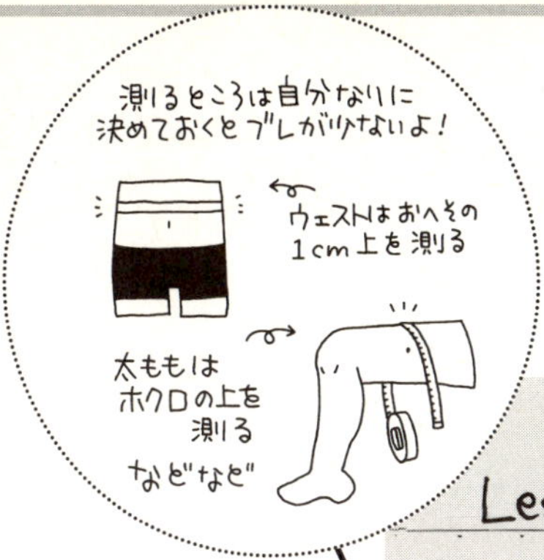

測るところは自分なりに
決めておくとブレが少ないよ!
ウエストはおへその
1cm上を測る
太ももは
ホクロの上を
測る
などなど

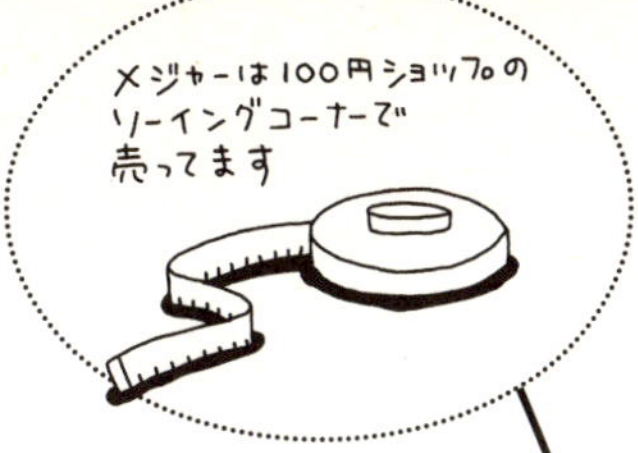

メジャーは100円ショップの
ソーイングコーナーで
売ってます

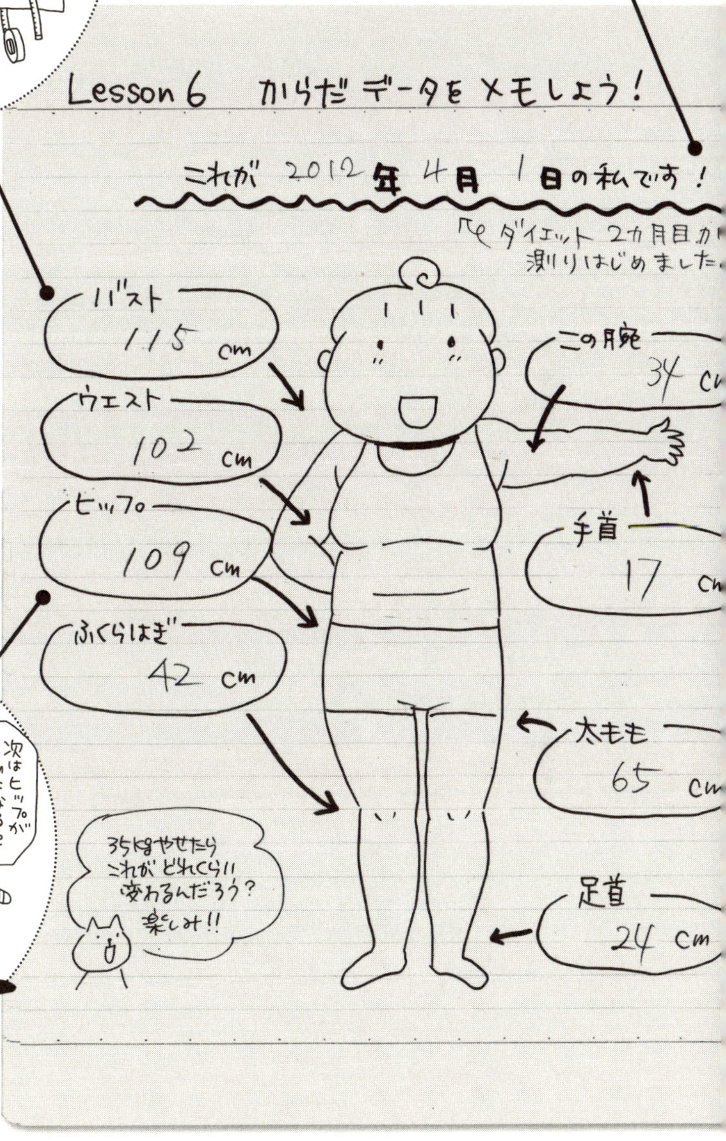

Lesson 6 からだデータをメモしよう!
これが 2012 年 4月 1日の私です!
ダイエット 2カ月目カ
測りはじめました
バスト 115 cm
ウエスト 102 cm
ヒップ 109 cm
ふくらはぎ 42 cm
二の腕 34 cm
手首 17 cm
太もも 65 cm
足首 24 cm
35kgやせたら
これがどれくらい!!
変わるんだろう?
楽しみ!!

体に変化が出ると
心にも変化が!!
次はヒップが
-2cmになると
いいな〜

小尻になるエクササイズも
自主的に取り入れられました

Lesson 7

ダイエットのごほうびを決めよう

美人になったつもり生活で食事や運動を見直して2カ月経つ頃
体重が減って体のラインが変わってきました！
うふふっ
キッツかったジーンズの太ももがつまめる〜♡
スリ真似2カ月でなんと−8kg!!
それにとっても不思議なんだけど
お肉が全体的に柔らかくなってきたんだよね〜
95kgの時はパンパンに張ってカチカチだった
しかも冷えてる
むに〜っ
なんだか体が痩せる準備をしてるみたい！
むふふ〜

こうなると楽しみになってくるのが周囲の目
8kg痩せたの気づいてくれるかな～
ドキドキ
ドキドキ
あれ？ぽんちゃん…
きた！
前髪切った？
今日なんだか雰囲気違う～
そうっ？
えっ!?
切ってないよ
ハハハ…
う～む…
95kgのおデブさんが8kg痩せたくらいじゃ
ギュ～ッ
ズビズビ～
気づいてもらえないのかなぁ～
ちょっとさみしい…
しかも自宅でも
えっ？
もう8kgも痩せたの？全然気づかなかったー！
ガックリ
GAME
自分のためのダイエットとはいえ誰にも気づいてもらえないのってモチベーション落ちる…
しくしく
しくしく
だっていつもダボッとした服ばかり着てるし…

そこで思いついたのが
そうだ!!
人に気づいてもらえなくてもまずは自分で自分を褒めちゃおうかな～
そのためにはやっぱりご褒美だよね!
なぜそうなる
でも
ご褒美＝食べ物
ではスリム美人っぽくないので…
これまでの私
5kgやせたご褒美に焼肉食べ放題♥
そしてこれがリバウンドの原因に
目標体重まで5kg減るたびにますます変身できるアイテムをご褒美にすることに
現在87kg
ご褒美♥
ご褒美♥
ご褒美♥
ご褒美♥
ご褒美♥
ご褒美♥
85
80
75
70
65
60
ってことは全部で6回ご褒美GETできるんだね
よしさっそくノートに書こうっと
6つ欄を書いてと
ダイエットのご褒美
85kg (−10kg)
80kg (−15kg)
75kg (−20kg)
kg
ますます変身できるご褒美っていうとやっぱりコスメや太ってた頃にできなかったことかな～
とはいえ自腹だからお安めのものにしよう…

見た目に変身しやすいのは髪型とか
つけまつげやネイル
新色の口紅とかかな
太ってるから行きづらかった温泉や下着のフィッティング
う～ん脱毛サロンもいいなあ
ということでできあがった私のご褒美表
Step1 ご褒美を設定しよう
ダイエットのごほうび
85kg (−10kg)
まつげをクルンとくせづけ
ホットビューラー
素肌美人♥
ROSE OIL
80kg (−15kg)
ちょっぴりお高め？
フェイスオイル
75kg (−20kg)
バラの香りの
香水
ツヤツヤ～
70kg (−25kg)
思い切って
ショートヘアに！
ピカー!!
65kg (−30kg)
今年の夏こそノースリーブ！
脇の脱毛
60kg (−35kg)
友達と気兼ねなく
温泉

うわあ〜
体重が減って
このご褒美
全部ＧＥＴ
したら
私どんな
女性になって
いるかなぁ
夢の想像図
髪の毛バッサリ
まつ毛クルン
お肌ツルツル
脇ツルツル
バラの香り
友達と温泉
やせたね〜
こんな
ご褒美を
設定して
からというもの
もう９kgも
やせたのに
まだ誰も
気づかない…
ズズズ
でもあと
４kg痩せて
次のご褒美
ＧＥＴしたら
次のご褒美は
ホットビューラー
ほんの少しだけ
あかぬけて
皆にも気づいて
もらえるかも！
むふふ
私は人知れず
変身して
いるのだー！
そして無糖
どの段階で
周囲が
気づいて
くれるのか
楽しみに
なってきた
私です

カキコミ!ノート P18

Lesson 7. ご褒美を決めよう!

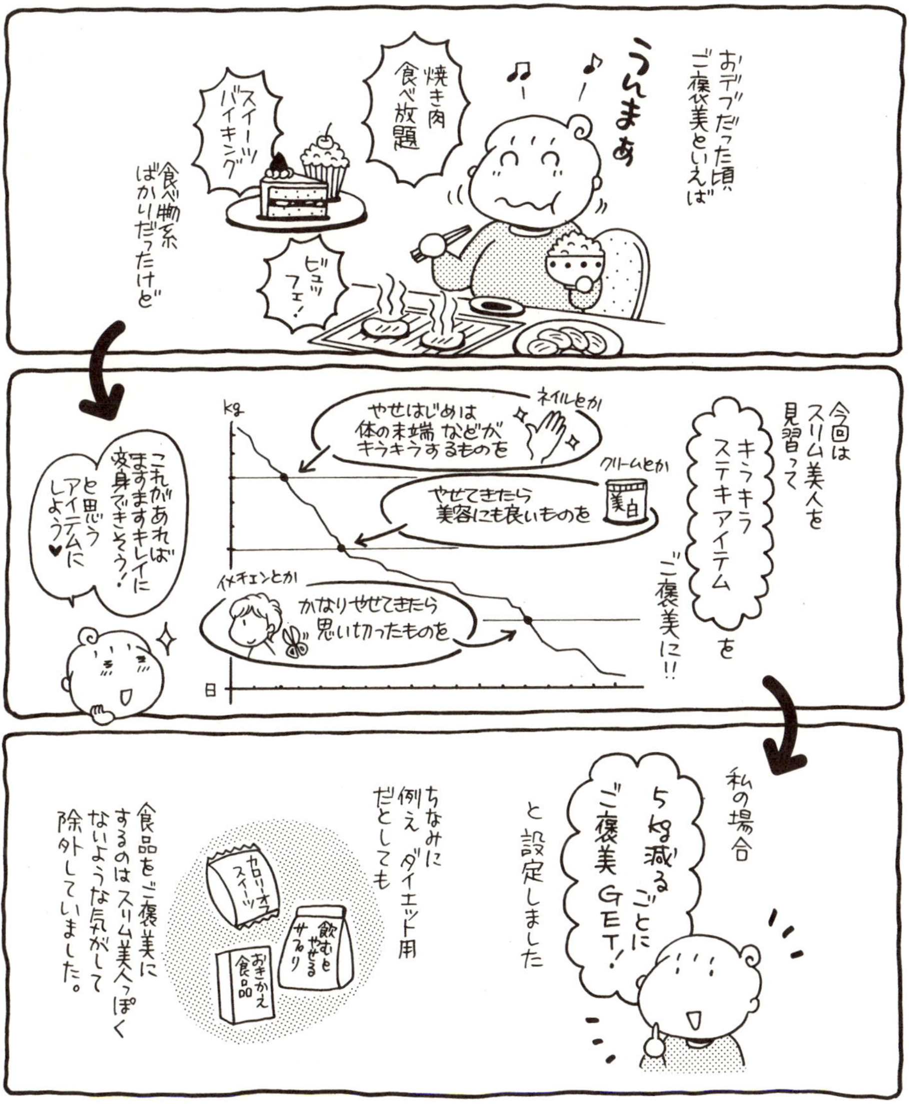

大公開！
ぽんのスリ真似ノート Lesson 7

ご褒美を決めよう！

食べもの以外で、自分がキレイになりそうな
ご褒美を設定してみて。

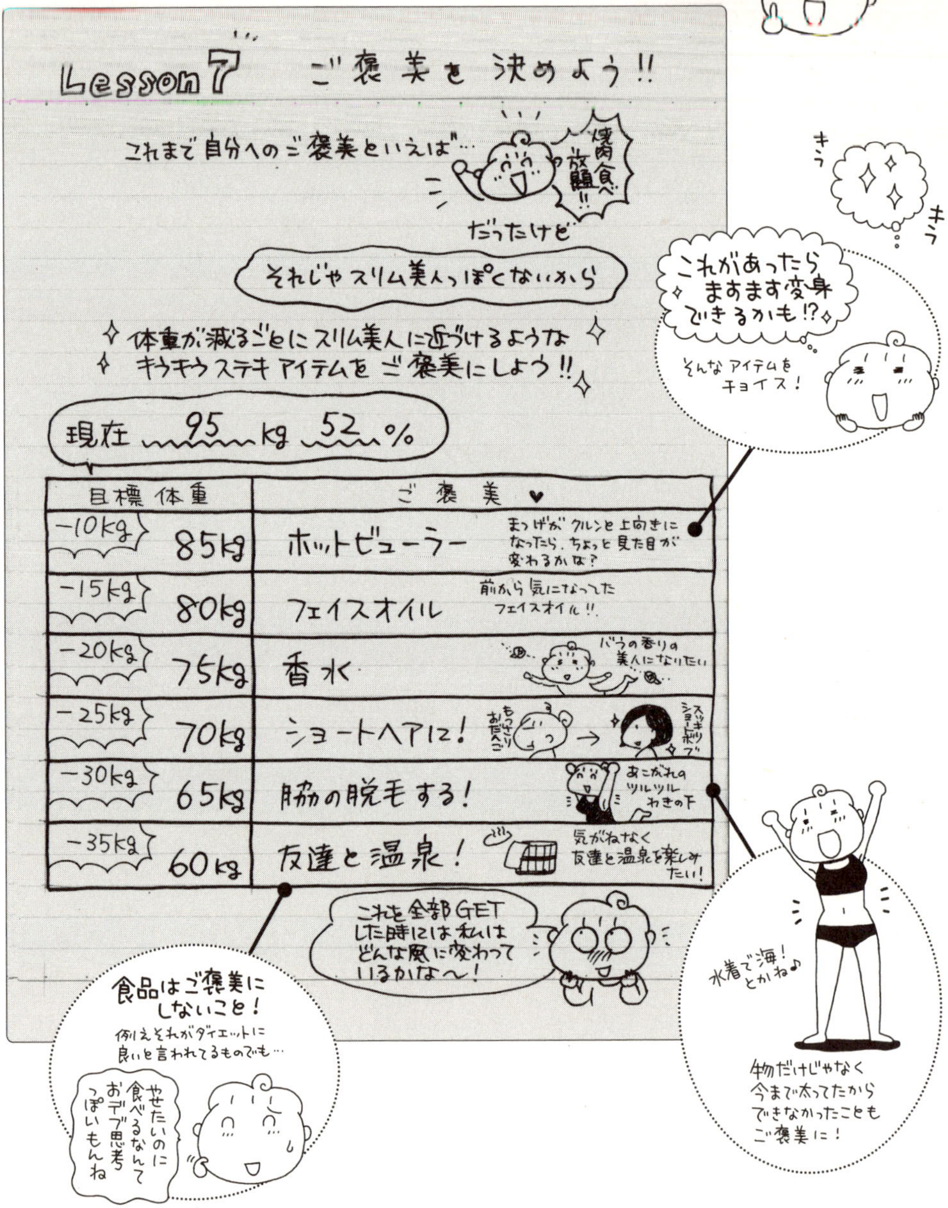
Lesson 7　ご褒美を決めよう!!

これまで自分へのご褒美といえば…

焼肉食べ放題!!

だったけど

それじゃスリム美人っぽくないから

体重が減るごとにスリム美人に近づけるような
キラキラステキアイテムをご褒美にしよう!!

現在 95 kg 52 %

目標体重		ご褒美♥	
−10kg	85kg	ホットビューラー	まつげがクルンと上向きになったら、ちょっと見た目が変わるかな？
−15kg	80kg	フェイスオイル	前から気になってたフェイスオイル!!
−20kg	75kg	香水	バラの香りの美人になりたい
−25kg	70kg	ショートヘアに！	もっさりおだんご → スッキリショートボブ
−30kg	65kg	脇の脱毛する！	あこがれのツルツルわきの下
−35kg	60kg	友達と温泉！	気がねなく友達と温泉を楽しみたい!!

これを全部GETした時には私はどんな風に変わっているかな〜！

キラ
キラ
これがあったらますます変身できるかも!?
そんなアイテムをチョイス！
水着で海！とかね♪
物だけじゃなく今まで太ってたからできなかったこともご褒美に！
食品はご褒美にしないこと！
例えそれがダイエットに良いと言われてるものでも…
やせたいのに食べるなんておデブ思考っぽいもんね

おデブあるある
基本エスカレーター
しかも左側

スリム美人あるある
あ！時間がないっ！
慌てると走る！

おデブあるある
猫背の上
肩が前に
すぼまっている
自信がないのが
肩に出る

スリム美人あるある
洋服を
買う時
店員さんに
あれこれ
着こなしを
質問する

Lesson 8

停滞期、今こそノートを開くとき

美人になったつもりダイエットを始めて半年ほど経った時
ぽんの
スリム美人になるノート
そういえばここ3週間体重が減ってない…
やはりおとずれた停滞期
ダイエットを長く続けていると体重がなかなか落ちなくなるのが停滞期
多くのダイエッターが停滞期を乗り越えられず
挫折やリバウンドのきっかけになったりします
も〜っなんで!?
ポテトチップス
停滞期
ガーン
ガーン
私も今まで何度もダイエットしてきたから
停滞期のつらさは身に染みている…

食べたい欲求を力づくで押さえ込んで
何日も必死にダイエットしてるのに
今日も食事はリンゴだけ
ゼイゼイ
なのに
なぜ減らん!?
しーん…
100gすら体重が減らない時の
絶望感といったら!!
そーいう時の生理前って
やたら食欲が増して地獄の苦しみなんだよね
チョコチョコチョコ〜
食べたい でもガマン
食べたい でもガマン
ブツブツ
ハアハア
CHOCO
LOOK
チョコ売り場で小一時間離れられなくなる
得用CHOCO
チョコ
チョコビスケット
夜中でも明け方でもどーしても食べたくなって
うう〜
冷蔵庫空っぽ…
今からコンビニ行って
何か買ってこようかな…
こうなるとあきらめて眠ることなんてできなくて
お弁当…うどん…
カップ麺
ポテチ…
プリン
なりふりかまわずコンビニへダッシュ
これもそれも
ポイッ
ポイッ
コーういう時の行動はすばやい

食べまくって満たされたと思いきや
ドゥー
こ…こんなに食べちゃった…
食後すぐにおそってくる罪悪感
ドデカカップ
ポテトチップス
コンソメ
CHOCO
体重計が怖くて見るのも嫌になって
ポッツン
サササ
私なんでこんなツライ思いしてまでダイエットしてるんだろう
うっ うっ うっ
もう嫌だよう～
こうやってヤル気がそがれてダイエットやめちゃうのがいつものパターン
でも今回はちょっと違うんだよね
バランスのいい食事をこころがけているから変なひもじさはないし
ウォーキングもしてるしね
アルコールもひかえめにしてるし…
このまま続けていけば停滞期を突破できると思うんだよね～
なんて思っていたのですが…

ある日 最大の 危機が!
ここのビュッフェ 今週は "信州牛と魚沼産 コシヒカリ 食べ放題フェア" なの~
前から来て みたかったん だよね~
予約できて 良かったね~
断り切れず 来てしまった…
うっ
なんたる 悪魔的 ビジュアル!!
ふーーっ!!
ピカーッ
落ち着け私 スリム美人っぽく 食べるんだ!
まぁ
白米は少なめに お肉と野菜中心 ならヘルシーかな
パクッ
うんまぁ~
プチッ
何かが 切れる音
もうちょっと だけ食べ ようかな
パクッ
ん~っ
おいしいっ
来て 良かったね~
ジュ~…
これは何? タン?
タンって ヘルシーだよね?
うん うん
キャ~ 上カルビ! せっかくだから ビール飲む?
いいね!
このお米 美味しいね~ おかわりー!
お肉も 追加ー!!

翌日
怖くて体重なんて測れないよっ!!
私のバカバカーッ
ポッツーーン
うっ
じわっ
私…何やってんだろう…
ポロッ
今度は頑張るって決心したのに
またこんなにドカ食いして自己嫌悪して
私…結局昔と何も変わってないじゃないか…
そんな時ふと手に取ったノート
ズズ
そこにはこれまで前向きに頑張ろうと思って書いた
メモの数々
理想のスリム美人
スリム美人あるある
ぽんの

そうだ私
今度こそ
Step1
つらい時こそ
ノートを開いて
目標を再確認
今度こそ
変わろうと
思ったんだっけ
ぽんの
スリム美人に
この半年
少しずつだけど
変わってきた
体と心…
今
やめたら
やったぁ♫
全部ムダに
なっちゃうの
かな…
……
スリム美人
ゴシ
ゴシ
やっぱり
今度こそ
痩せたい！

これまでは停滞期やドカ食いがキッカケで
ダイエットに失敗してきたけど
理想のスリム美人
本当に変わるためには
ドカ食いをキッカケにダイエットをあきらめるクセも変えなきゃ
ふ〜〜っ
なんかちょっぴり元気出てきた
・・・・
なんかスリム美人っぽいことでもして
気分だけでも盛り上げようかな
おっ
そういえば“今やるリスト”にまだやってなかったのがあったっけ
これやっちゃおうかな
運動
ボディケア
Step2 ドカ食いや停滞期で落ち込んだら“今からやるリスト”を!
一番最初にダイエットを決心した時の気持ちを忘れないこと
それが停滞期を乗り越える力になると実感したのでした
「スリム美人のお部屋は窓ガラスもピッカピカ〜♪
よいしょっと

カキコミ!ノート
P19

Lesson 8. ノートを開こう!

ダイエットをあきらめてしまいそうな時こそ

停滞期
ドカ食い
ダイエットがつらくなってしまった時は
POTATO
うぅ
食べすぎちゃった…
ノートを開こう
これまでの目標や頑張りを再確認すると
そうだ私今度こそやせようと思ったんだ
ちょっぴりヤル気が復活する
時には
私ってなんでダイエットをはじめようと思ったんだっけ
というきっかけをふりかえってみるのもいいよ
太ってるの気にしながら生きてくのが嫌だと思ったからダイエットはじめたんだっけ…
もう一度がんばってみよう!

Lesson 9

10年後の私はどうなってる？

リバウンドといえばこの前…
リバウンドについて考えさせられる出来事が
おいで〜
ブヨ
ブヨ
リバウンド
しない
する
ダイエット
リバウンドする人としない人の分かれ目って何だろう！
リバウンド経験者に話を聞いたり自分の体験をふり返り気がついた！
ふむふむ
スーッと
リバウンドしてた時って…
リバウンドする人は
目先のことにふり回されやすい
ということ
今が楽しくなるように食べる
ガツガツ
今すぐやせたいからキツイダイエットをはじめる
ギュルルル〜
今日のごはん
体に良いと分かっていても今つらいことはやりたくない
ウオーキング？
そんなの続かないって〜！
逆にリバウンドしにくいスリム美人は
10年後もスリムでいるためにジョギング
これからも健康でいるために栄養バランスを考えた食事
栄養
ハンドブック
減塩
将来シミが出ないようにスキンケア
美白
C
ちょっと未来《さき》のために行動している
リバウンドしないでさらに5キロ痩せました
人生が変わる！
詳しくは"もっと！スリ真似"で
…ってことが分かったんだった

確かに私って太ってる自分が大嫌いで
自分を大切にしようなんて思えなかったから
体のことなんて無視した食べ方
バリ
ボリ
ドデカカップ
CHOCO
うぅっ
自分の姿が大嫌い!!
健康診断
もう何年も行ってない…
未来のことなんて考える余裕もなかったなあ
でも今回うっかり食べすぎても
自暴自棄にならずに体重をキープできたってことは
ウォーキングを今まで通り続ける
野菜多めの食事
少しは未来の自分のために行動できたってことかな
ぐっ
ん？
ちょっと未来を考えていると
キレイになれるってことは…
5年後10年後のことまで考えられたら
もっとスリム美人になれるってこと
だったりして⁉
よ〜しっ！
理想のスリム美人像を描いた時みたいに
〝10年後の理想の自分〟を書いてみようかな〜！
10年後というとアラフィフか〜
とさっそくノートに書いてみました

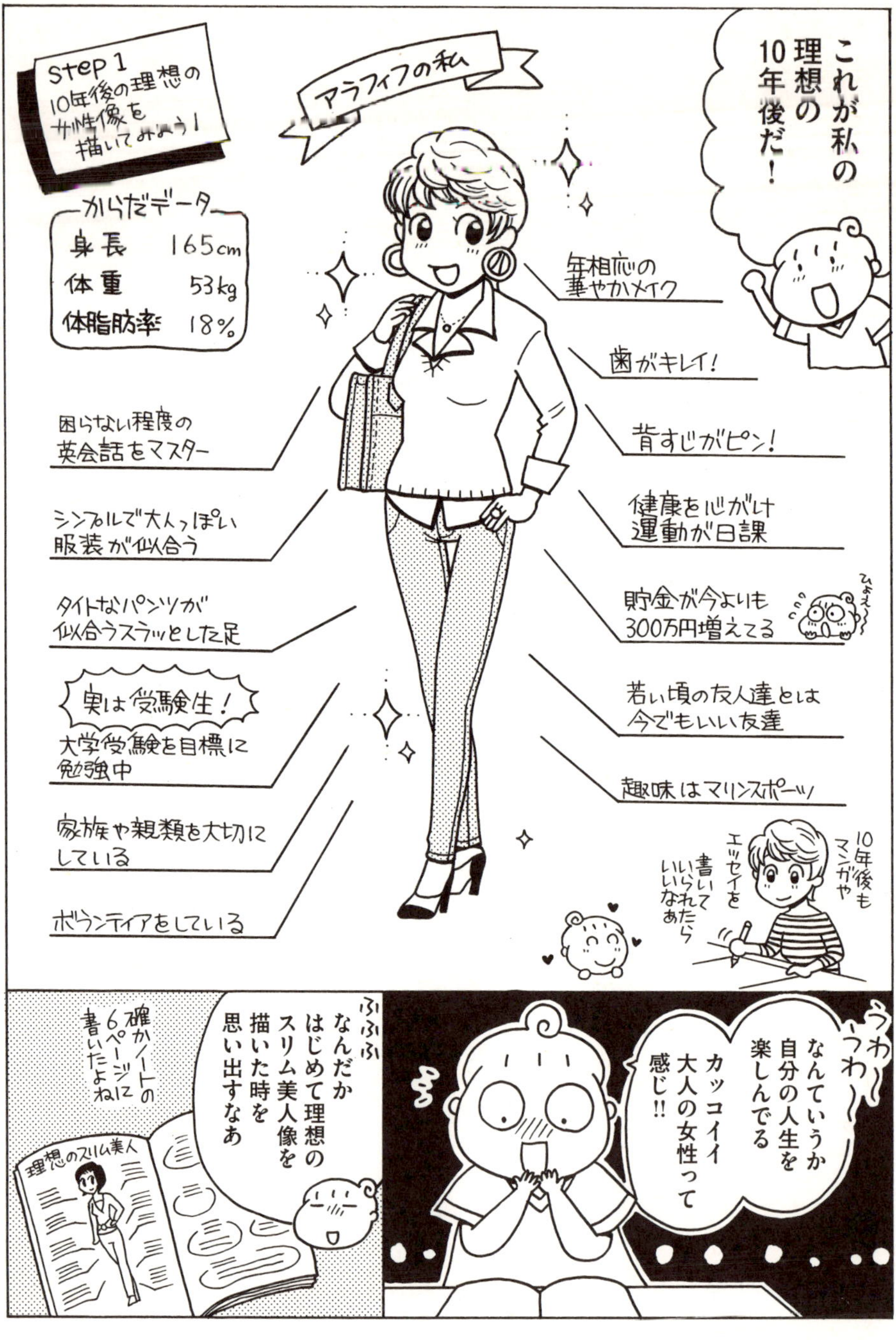

これが私の理想の10年後だ!
Step 1
10年後の理想の女性像を描いてみよう!
アラフィフの私
からだデータ
身長 165cm
体重 53kg
体脂肪率 18%
年相応の華やかメイク
歯がキレイ!
背すじがピン!
健康を心がけ運動が日課
貯金が今よりも300万円増えてる
ひょえ〜〜
若い頃の友人達とは今でもいい友達
趣味はマリンスポーツ
10年後もマンガやエッセイを書いていられたらいいなあ
困らない程度の英会話をマスター
シンプルで大人っぽい服装が似合う
タイトなパンツが似合うスラッとした足
実は受験生!
大学受験を目標に勉強中
家族や親類を大切にしている
ボランティアをしている
うわ〜うわ〜
なんていうか自分の人生を楽しんでる
カッコイイ大人の女性って感じ!!
ふふふ
なんだかはじめて理想のスリム美人像を描いた時を思い出すなあ
確かノートの6ページに書いたよね
理想のスリム美人

あの時は あまりに現在の 自分と違うから
ホントに私 こんな風に なれるんだろーか…
高望み しすぎかな…
なんて不安 だったんだけど
スリム美人 生活に慣れてきて
ホッ ホッ
少しずつだけど 理想に近づいてる 実感があるから
この10年後の 理想も
今から少しずつ 頑張っていれば
無理じゃない ような気がする
ぽんの
そこで ノートが 再登場！
この理想像を 現実にするために 今からできることは…
まず体重53kg ってことは
これからも しっかり スリム美人生活を 続けなきゃね！
step2 10年後の自分のための〝これからリスト〟を作ってみよう！
10年後の自分のための これからリスト
「歯がキレイ」 「健康」ってことは
ちゃんと定期検診 受けて ケアを 続けなきゃ

10年後に貯金が300万円増ってことは
今月から2万5千円ずつ貯めなきゃいけないのか…
あとで家計を見直してみよっと
10年後貯金が300万円増える ために毎月25,000円ずつ貯金
受験勉強のやり方や プランを考えてみる
マリンスポーツの 体験教室に行ってみる
受験勉強の プランも 考えて みなきゃね!
できた!
ふふふ
あの頃のままの私だったらきっと 実行しようなんて考えなかっただろうなぁ
貯金?検診?勉強?
今はいろいろ大変だから その内やりまーす
ボリ ボリ
ゴロゴロ
変われば変わるものだなぁ
ぽんの
おっ もうこんな時間か
人生はなるようにしかならない——なんて思っていたけど
本当は自分の未来は自分で決められるものなのかも
今日もはりきってウォーキング行っちゃいますか～
シュッ
明日のために打つべし 打つべし!
シュッ
ダイエットを通して そんな風に思う ようになった 私です

カキコミ! ノート P20～21

Lesson 9.
10年後の理想の自分を描いてみよう!

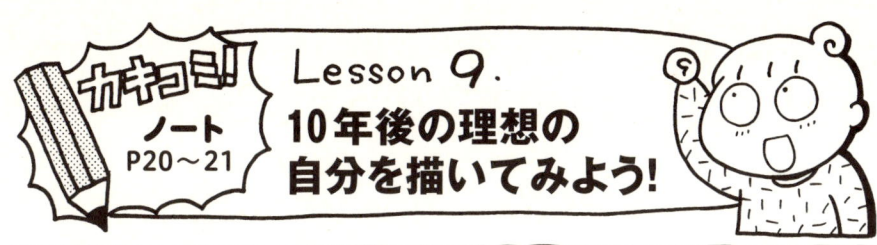

ノートのガイドにそって10年後理想の自分を描いてみよう!
10年後もスリムでいたいなぁ
お肌も白くてツルスベで
貯金も増えてるといいなぁ
外見のことだけじゃなく内面や生活のことも書こーう!
そんなステキな10年後の自分になるために
今から何をしていけばいいのかを
考えて書いてみよう!
★理想のスタイルをキープするためには?
お肌のために
今から少しずつがんばれば
きっと10年後
アラフィフの私
ステキな自分に近づけるはず!

大公開！
ぽんのスリ真似ノート Lesson 9

10年後の理想の自分を描いてみよう！

10年後なんて先すぎる〜と思うけど、
描いてると意外と楽しくなってくるはず。

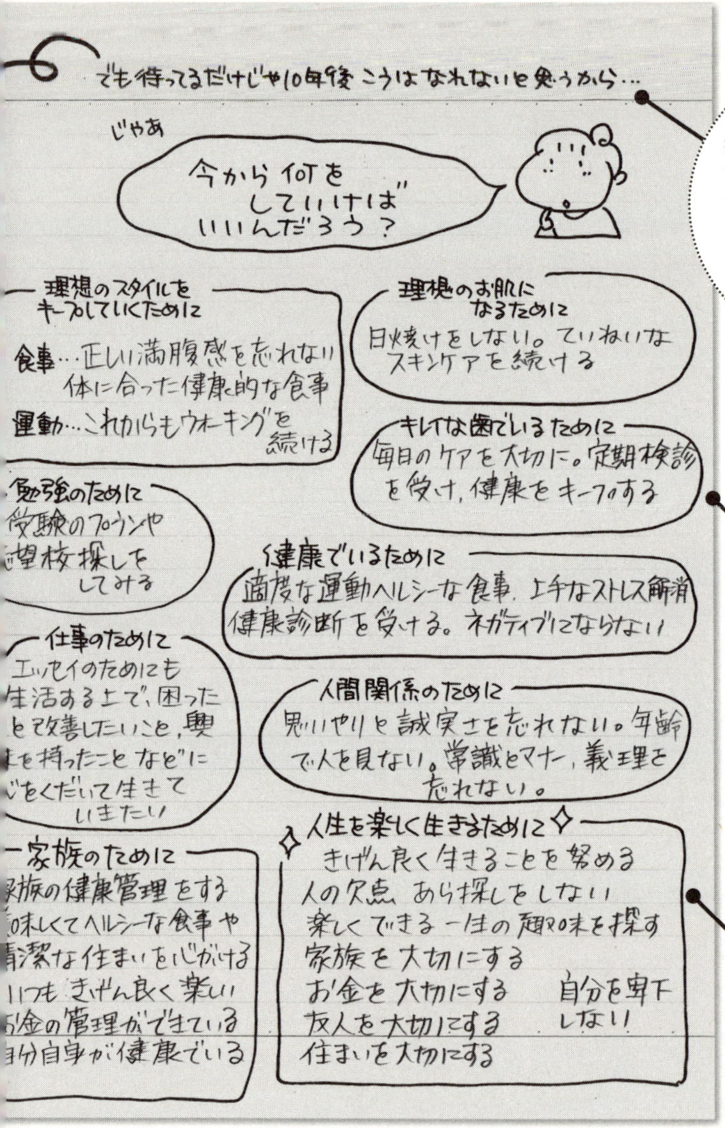

6
でも待ってるだけじゃ10年後こうはなれないと思うから…

じゃあ
今から何をしていけばいいんだろう？

理想のスタイルをキープしていくために
食事…正しい満腹感を忘れない
体に合った健康的な食事
運動…これからもウォーキングを続ける

理想のお肌になるために
日焼けをしない。ていねいなスキンケアを続ける

キレイな歯でいるために
毎日のケアを大切に。定期検診を受け、健康をキープする

勉強のために
受験のプランや
望校探しを
してみる

健康でいるために
適度な運動ヘルシーな食事、上手なストレス解消
健康診断を受ける。ネガティブにならない

仕事のために
エッセイのためにも
生活する上で、困った
と改善したいこと、興
味を持ったことなどに
心をくだいて生きて
いきたい

人間関係のために
思いやりと誠実さを忘れない。年齢で人を見ない。常識とマナー、義理を忘れない。

家族のために
家族の健康管理をする
美味しくてヘルシーな食事や
清潔な住まいを心がける
いつもきげん良く楽しい
お金の管理ができている
自分自身が健康でいる

人生を楽しく生きるために
きげん良く生きることを努める
人の欠点、あら探しをしない
楽しくできる一生の趣味を探す
家族を大切にする
お金を大切にする
友人を大切にする
住まいを大切にする
自分を卑下しない！

少しずつはじめよう！
私の場合 人間ドックの資料を取り寄せてみました
めざせ健康！
人間ドック

新しくはじめることだけじゃなく現状キープも大事！
10年後もウォーキング続けようっと！

明るい未来を思い浮かべて描こう！

イメージに近い有名人の
写真を貼るのもいいよ！
真の美しさは健康から！
おしゃれや美容
だけでなく健康の
ことも考えよう！
ピカ
ピカ
未来を見ている人はキレイになれる!!
Lesson9
10年後 私はこうなっていたい！
からだデータ
身長… 165 cm
体重… 53 kg
体脂肪率… 18 %
数値はしっかり
書きました！
10年後
47 才の私
年相応の華やかなメイク
★ どんな服着てる？
シンプルで大人っぽい
タイトなパンツが似合う
大ぶりアクセもキマる!!
★ 体型は？
バスト… ツンと上向き
おなか… ちゃんとくびれがある
おしり… キュッと小尻
足… スウッと細い
背すじピン！
★ 何か勉強してる？
・困らない程度に英語
・実は受験生！大学受験が目標
・食品系の資格の勉強
見た目だけじゃなく
ライフスタイルなども
妄想してみよう！
★ 仕事どうなってる？
10年後もマンガやエッセイを
書き続けられているといいなぁ
楽しんで仕事しているといいなぁ
★ お肌
シミ、シワが少な
キメ細かい白い
★ 歯
キレイな歯ならび、
病、虫歯ゼロ！
★ 健康
定期的に検診を
健康を心がける
食べ物や運動で
健康づく
★ 貯金が今より
300万円増えて
★ 趣味 ジャズ音楽
マリンスポーツ、料理
★ 家庭 夫、実家、親
と仲良し！
★ 運動は週4〜7回
ウォーキング をしてい
★ 人間関係 良好！
古くからの友人、新し
友人、仕事関係も良

Lesson 10

ダイエットの真の成功って

スリ真似ダイエットを始めて10カ月経ち
周囲にも気づいてもらえるようになりました
びっくり!
すごく痩せたねー!
どうやって痩せたの!?
いや〜それほどでも〜
この頃
体重 70kg
(−25kg)
体脂肪率 32%
これまで通販でしか買えなかった洋服も
デザインさえ選べば
街のお店でも買えるようになってきた♡
ドルマンスリーブとか♥
チラ
体重的にはまだまだおデブだけど
ちょっとはスリム美人に近づいてきた感じだな〜

こうなってくると
おしゃれと外出が
どんどん楽しく
なってきて…
玄米
米っ子
おいしい
ねー♡
少しずつ
自分がダイエット
していることを
忘れがちに…
そんな
ある日のこと
ねえねえ
そういえば
最近もう
ダイエット
してないの？
え？
してるよ
なんで？
だって
洗面所の
カレンダーに
もう2週間
くらい体重を
メモしてない
みたいだから
ドキッ
よく見てるね…
もう目標体重
クリアできたの
かと思っちゃった
ドキドキッ
い…いや
それはまだ
なんだけど…
はっ
もしやまた
ダイエット
失敗!?
そ…そうだった
最近浮かれてて
あんまり
スリ真似を
意識して生活
してなかった…
ヤバイッ!!

そこで2週間ふりに体重を測ってみることに
うぅ〜怖い〜
そろ〜り
んん!?
え!?
スゴイッ
2週間前より0.5kg減ってる!!
体重 69.5kg
体脂肪率 29%
そういえばこの2週間ダイエットを意識してないとはいえ
助かった〜
よし!
ウォーキングは日課になってたし
"正しい満腹感"(P48)は守って食事をしていたんだよね!
やっ良かった〜!
きっとこれまでのダイエットだったら
ダイエットしてるけど友達と食事する時は仕方ないよね〜
ガツ
ガツ
すぐまた食べすぎて絶対リバウンドしてたよね〜
・・・
危なかった…
これってスリム美人な生活習慣が身についてきたってことかな
——そっか!

以前の私は
〝とにかく体重が減ればダイエット成功〟
げっそり
やった…これでごはん食べられる…
って思ってたから
食べまくりの太りやすい生活
リバウンド
続かなくて食べちゃう
ガツガツ
太る
キツイ食事制限ダイエット
ちょっとやせる
一時的にキツイダイエットしてはリバウンドしてたけど
今回スリム美人の真似をしたダイエットでは
スリム美人を観察して
真似しているうちに
もうおデブの生活には戻らない！
太らない生活習慣が身に付く
Good!
生活そのものが変わってきたんだ!!
ってことはダイエットの本当の成功って
太りやすい生活が改められて
意識しなくても太らなくなること
なのかもね！
……とはいえ
キラ

2週間も体重を測らなかったのは
さすがにちょっとサボりすぎてたなぁ
Step1
ダイエットにかかわらず体重は毎日測ろう!
よし! 今日もOK!
スリム美人は自己管理として毎日測ってるイメージ
今日からまたちゃんとメモしようっと
これでよしと
キュッ!
日
土
10
69.5kg (29%)
69.5kgかぁ〜
目標の60kgまでもう10kg切ったんだなぁ
やっぱり文字で見ると実感わく〜!
ダイエットの真の成功は“太らない生活ができること”
よっしゃあ!
今日のお風呂はいつもよりていねいに
マッサージやろうっと!
セルライトつぶれろ〜
脂肪溶けろ〜
呪文
もみ
もみ
もみ
もみ
そしてそんな生活をしていることをすっかり忘れてしまう時
はじめてスリム美人になれるのかもしれません
セルライトつぶれろ〜

カキコミ! ノート P22～24

Lesson 10 美と健康のためにも体重は測り続けよう!

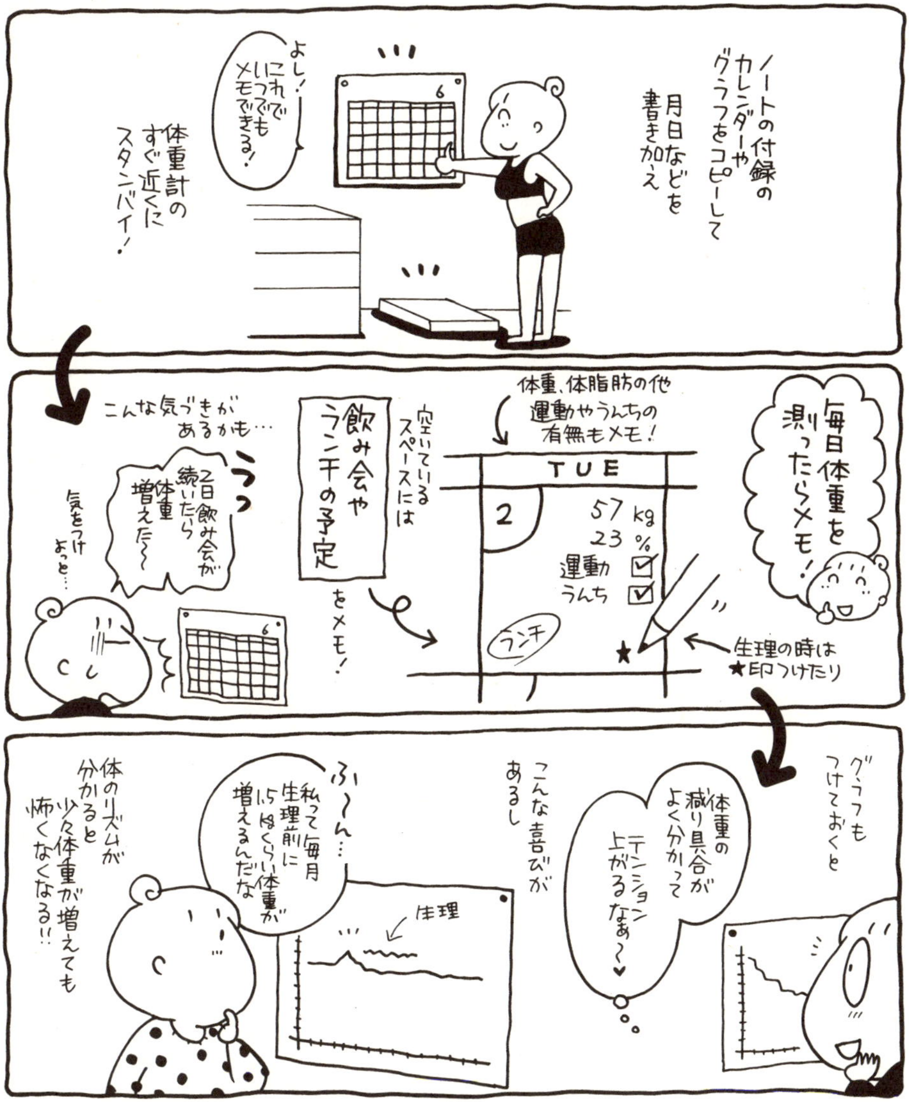

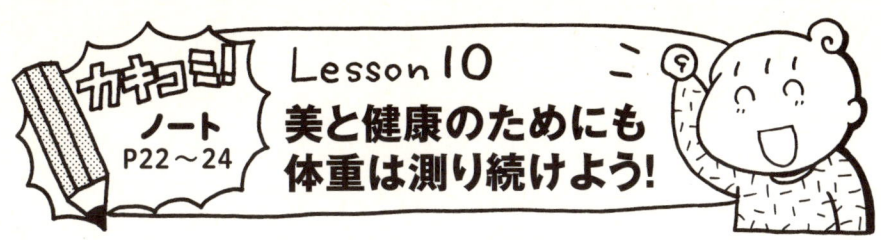

大公開！
ぽんのスリ真似ノート Lesson 10

美と健康のためにも体重は測り続けよう！

スリ真似生活をシンプルに続けつつ、
体重だけは測っておくとリバウンドしにくい！

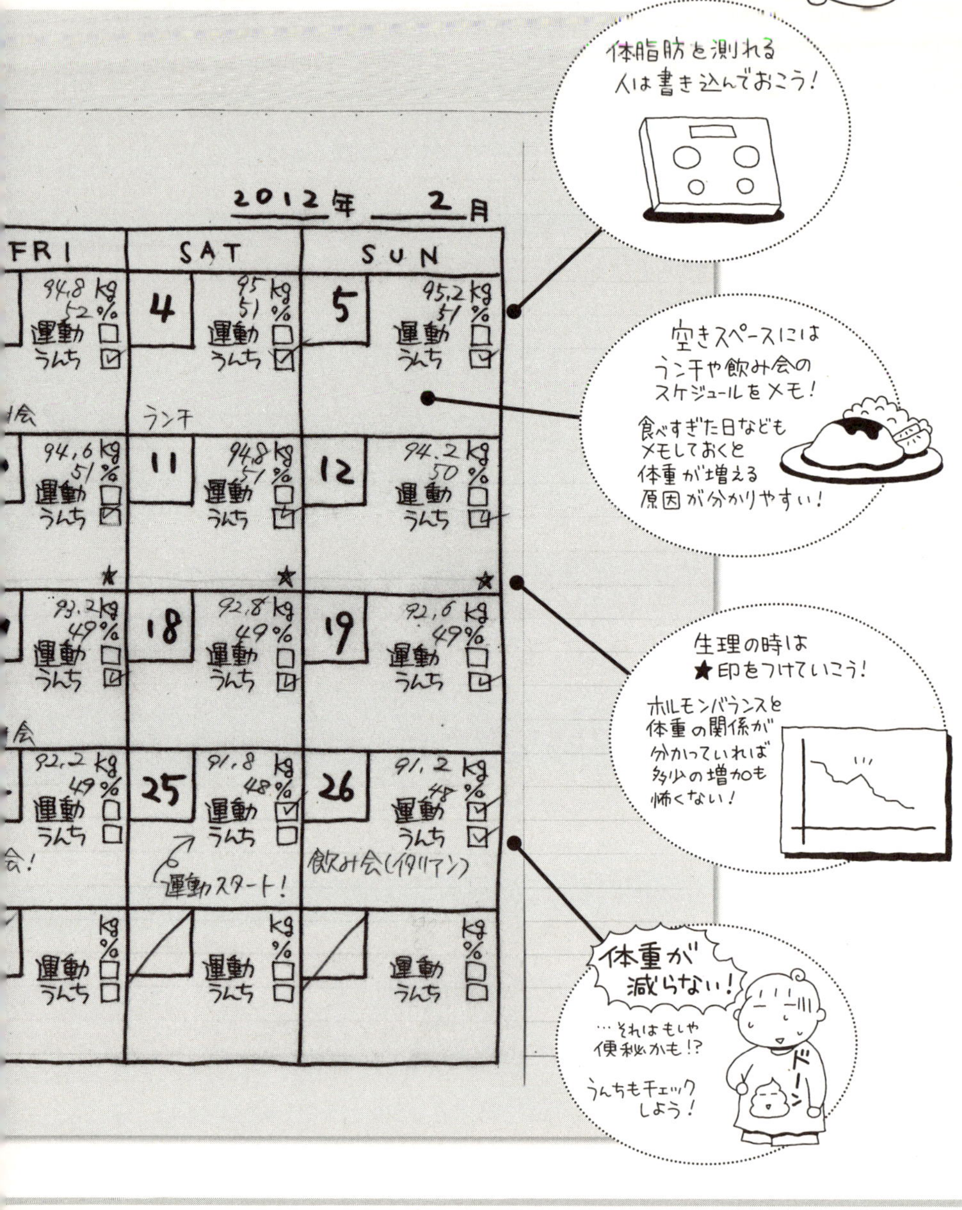
2012年 2月
FRI
SAT
SUN
94.8 kg 52 % 運動 うんち
4 95 kg 51 % 運動 うんち
5 95.2 kg 51 % 運動 うんち
会
ランチ
94.6 kg 51 % 運動 うんち
11 94.8 kg 51 % 運動 うんち
12 94.2 kg 50 % 運動 うんち
★ ★ ★
93.2 kg 49 % 運動 うんち
18 92.8 kg 49 % 運動 うんち
19 92.6 kg 49 % 運動 うんち
会
92.2 kg 49 % 運動 うんち
25 91.8 kg 48 % 運動 うんち
26 91.2 kg 48 % 運動 うんち
会！
運動スタート！
飲み会（イタリアン）
kg % 運動 うんち
体脂肪を測れる人は書き込んでおこう！
空きスペースにはランチや飲み会のスケジュールをメモ！
食べすぎた日などもメモしておくと体重が増える原因が分かりやすい！
生理の時は★印をつけていこう！
ホルモンバランスと体重の関係が分かっていれば多少の増加も怖くない！
体重が減らない！
…それはもしや便秘かも!?
うんちもチェックしよう！
ドーン

決まった時間に
測るのがBEST!

私の場合
朝起きてすぐ
体重・体脂肪を測り
入浴前に運動その他を
記入してました

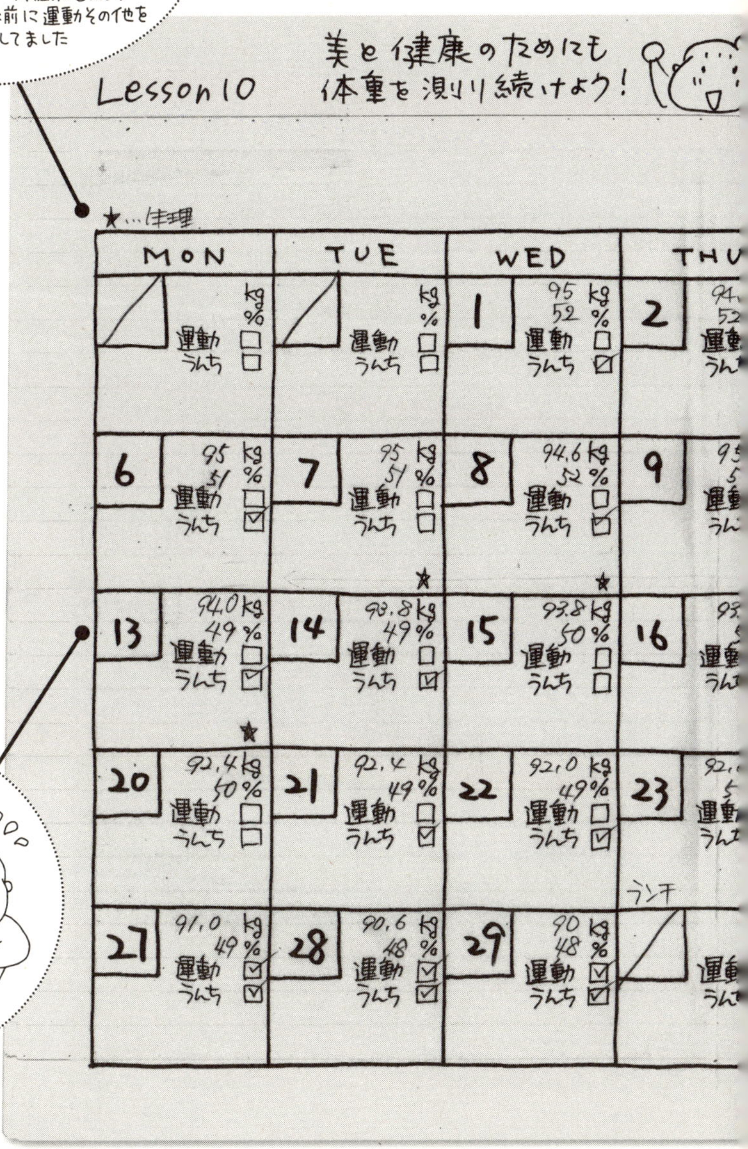

Lesson10
美と健康のためにも
体重を測り続けよう!
★…生理
MON
TUE
WED
THU
kg % 運動 うんち
1 95 kg 52 % 運動 うんち
2
6 95 kg 51 % 運動 うんち
7 95 kg 51 % 運動 うんち
8 94.6 kg 52 % 運動 うんち
9
13 94.0 kg 49 % 運動 うんち
14 93.8 kg 49 % 運動 うんち
15 93.8 kg 50 % 運動 うんち
16
20 92.4 kg 50 % 運動 うんち
21 92.4 kg 49 % 運動 うんち
22 92.0 kg 49 % 運動 うんち
23
27 91.0 kg 49 % 運動 うんち
28 90.6 kg 48 % 運動 うんち
29 90 kg 48 % 運動 うんち
ランチ

カレンダーの日づけは
時間のある時に
記入しちゃうと
楽ちん♪

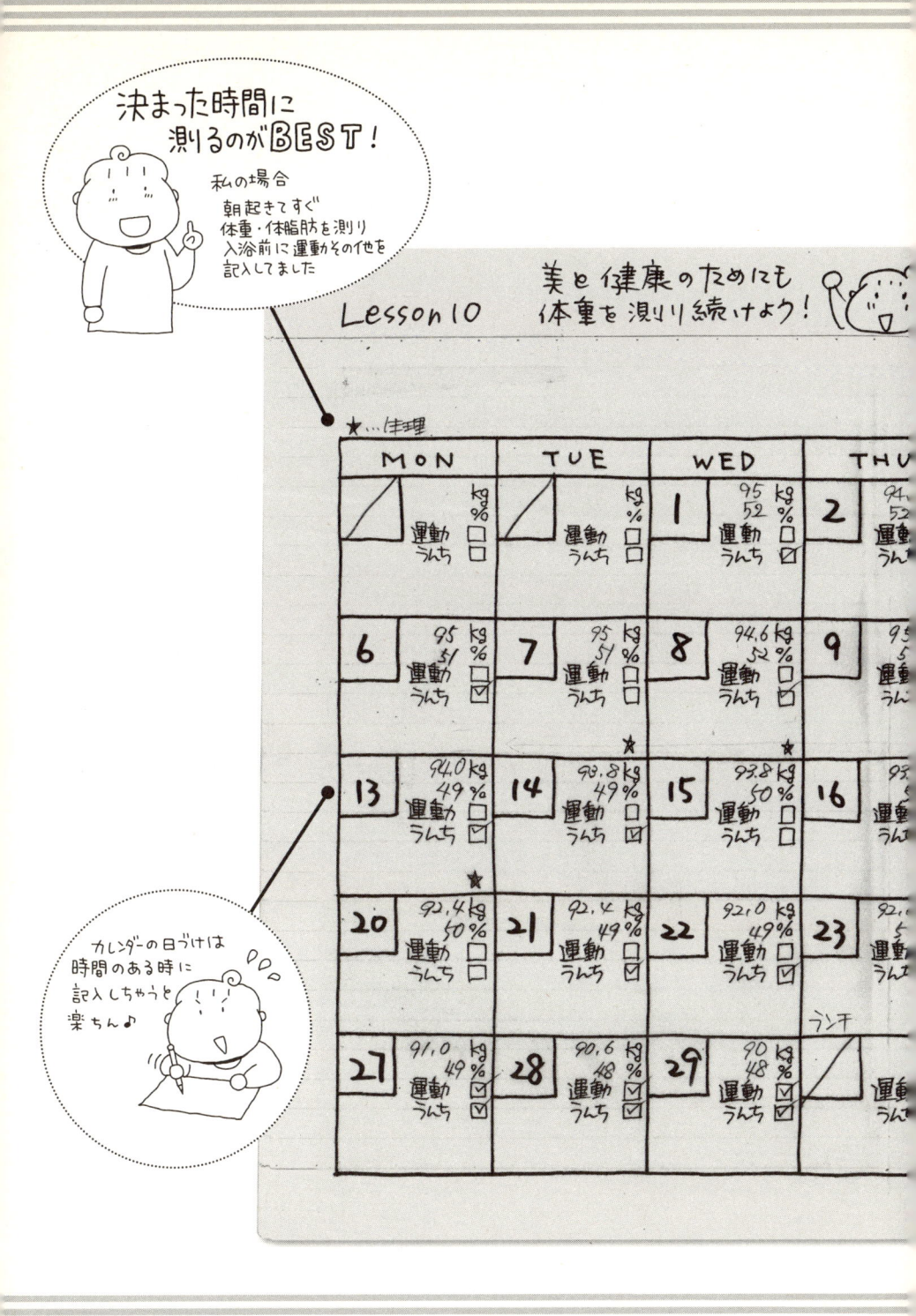

エピローグ

スリ真似ダイエットを始めて1年と10カ月
とうとう
とうとう
プル
プル
プル
ここまで来られたんだ
35kgのダイエット
びしっ
えぐっ
えぐっ
目標達成っ!!!
体重 59.8kg
体脂肪率 28%
うっうっ
この私が50kg台なんて夢みたい
ギリギリの50kg台だけど…
ぐすっ
ぐすっ
さっそくスリーサイズもメモしておかなきゃ
え〜っと…
バストは…
●●●●●

おお〜
こうやって見るとスゴイなあ
7/1 8/2 9/1 10/1 11/ 12/
体重 62.5 (26%) 61.6 (26%) 61.0 (26%) 59.8 (26%)
B 92 90 90 89
W 71.5 71 71 70
91 91.5 91 90
25 25
6/4 63.4 (27%) 94
64.2 (28%) 94
体が全体的に小さくなってる!!
こうして私は目標だった35kgものダイエットに成功
スゴーイ
やった〜!!
スリ真似のおかげで痩せただけでなく
痩せたと思うと
そうじすら楽しいな〜
健康的な生活や自信を取り戻しつつありました
そしてそれから半年経った現在
ふーっ!
今日もウォーキング終了っと!
カレンダーに丸付けようっと♪
私は今もスリム美人の真似をして生活しています
体重は…
よしっ58kg!
これもメモメモっと

最近は食べすぎても自分で調整できるようになって
昨日の夜食べすぎたから今日はひかえめにしておこうーと
ヨーグルト
フルーツ
豆乳
体重も安定してきました
そんな私がこのところ特に変わったと感じるのは
RRRR
ブルブル
人間関係が楽になってきたこと
最近友達になったI子さん
今友達と西荻散策に来てたんだけど良かったら一緒にごはんでもどう？
友達も紹介するよ〜
お〜
いいねー！
新しい友達ができたり
おーい
はじめましてー
こんにちは〜
初対面の人とも気兼ねなく話せるようになってきました
なんだか不思議…
以前の私ならガチガチに緊張してたろうな…
人見知りで引っ込み思案だったもんね
はじめましてー
はっ…はじめま〜て…
うう…
すごいおデブって思われてるんだろうなあ
初対面の人とは視線を合わせることができなかった…

だから友達は多い方じゃないし極力人と接する機会をさけてきたけど…
道に迷ってもできるだけ人には聞きたくない
MAP
美容師も苦手
今日はどんな感じで？
えっとその〜
何を話せばいいのやら
友達とでも1対1が苦手
ドキドキ
?
友達
ファストフードのカウンターも苦手
あのその えっと
MENU
でも最近は大丈夫になってきた
この2年間スリ真似ダイエットを続ける過程で
三日坊主卒業！
またジーンズのサイズが変わった！
おおっ -30kg突破！
少しずつ自信を持てるようになり
太ってる頃は自分を卑下してばかりだったけど
でも本当は
いつだって私は私らしく楽しんだり頑張ったりしていいんだよね！
ぽんのスリム美人に
そう思えるようになってから
肩の力をぬいて
でもちょっぴり胸を張って
人づきあいできるようになりました

そんなある日の夜
お？
何それ またこりずに 英会話？
何度もザセツしてるくせに～
うん
今度は 気長に頑張ろう と思ってね
ふっふっふ
それに今回は 壮大な計画が あるのだよ
何？
7年後の オリンピックは 我が家の 空き部屋に
Oh～ アリガトー！
ドウゾ ドウゾ
酒
富士山
外国人観光客に 泊まってもらって おもてなし するのだー！
えー!?
English
なるほど それはちょっと 面白そう…
実はイベント好き
でしょ～？
そのためにも ある程度 英語が できなきゃ！
ふ～ん
じゃあ僕も 日本文化を ちゃんと説明 できるように 改めて歴史とか 勉強してみよう かな～

それいいね！
よし！それも次の目標としてノートに書いておこうっと！
私は今でもスリ真似ノートを開きます
はじめはただ単に
痩せたいと思って始めたスリム美人の真似だったけれど
パラ
ぽんのスリム美人になるノート
時には泣きながら時には悩みながら
生き方が少しずつ変わってきた日々
すべてがこのノートにつまっていて
このノートは私の頑張りの証拠なんだなあ
これ見るたびちょっぴり勇気が出る
ぽんのスリム美人になるノート
ダイエットも新しい人生の目標も焦らずのんびり頑張っていける
そう思っている私です
どんな国のどんな人が来るかな～？
気が早いなあ

あとがき

スリ真似①② 発行以来 たくさんの方々
から「今度こそがんばれそう!」「スリ真似して
やせることができました!」というお手紙やメール
をいただくようになりました。本当に嬉しい…
ありがとうございます!!
この“スリム美人になるノート”も 皆さんのお役に
立てることを心から祈っています。
そして私も自分の目標のスリム美人像に
向かって のんびり スリ真似していくつもりです。
スリ真似ダイエッターの皆さん
一緒に“自分史上一番
スリム美人な私”を
目指しましょう!

2014年5月15日 わたなべぽん

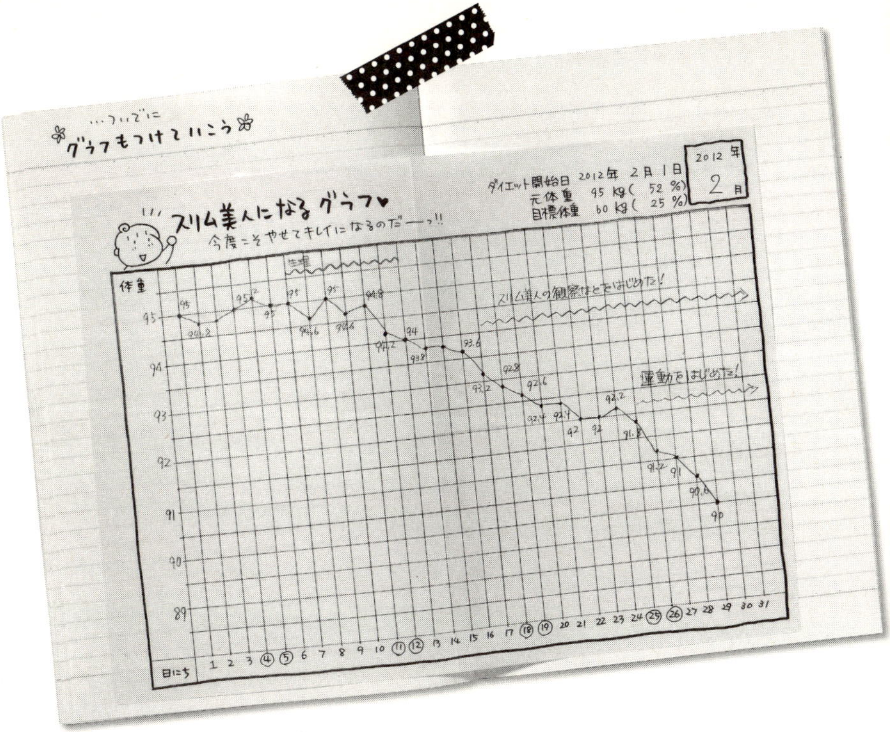
…ついでに
グラフもつけていこう
ダイエット開始日 2012年 2月 1日
元体重 95 kg(52 %)
目標体重 60 kg(25 %)
2012 年
2 月
スリム美人になるグラフ♥
今度こそやせてキレイになるのだーっ!!
生理
体重
スリム美人の観察などをはじめた!
運動をはじめた!
日にち

ちなみに

スリ真似ダイエットをはじめて
最初の1カ月はこんな風に
体重が落ちました！

グラフをつけてみて
減ってくのが分かると
楽しいよ！

ノートの付録の
グラフを使ってね！

メディアファクトリーの
コミックエッセイ

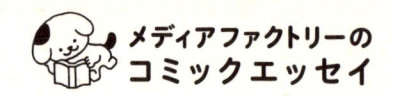

初公開!
スリム美人の生活習慣を
真似して痩せる
ノート術

2014年6月13日　初版第1刷発行
2015年1月16日　　　第5刷発行

著　者　わたなべぽん
発行者　三坂泰二
編集長　松田紀子
発行所　株式会社KADOKAWA
〒102-8177　東京都千代田区富士見2-13-3
03-3238-8521（営業）
編　集　メディアファクトリー コミックエッセイ編集部
0570-002-001（カスタマーサポートセンター）
年末年始を除く平日10：00～18：00まで
印刷・製本　株式会社光邦

ISBN978-4-04-066761-4 C2077

http://www.kadokawa.co.jp/

ブックデザイン　坂野弘美
撮　影　小田光二
ヘアメイク　小菅美穂子